女も男も
自立・平等

No.135
2020年
春・夏号

妊娠・出産、育児も仕事も

女も男も
—自立・平等—
No.135
2020年 春・夏号

Contents 目次

妊娠・出産、育児も仕事も

PART 1

いまだ妊娠・出産・子育てが「リスク」となる職場

なぜ、日本の職場は「妊娠・出産・育児」に冷たいのか

埼玉学園大学准教授　杉浦　浩美

新型コロナウイルスの感染拡大が可視化したこと

この原稿を執筆している4月現在、新型コロナウイルスの感染拡大で、人々は厳しい状況下に置かれています。なかでも、大きな緊張と負担を強いられているのが「働く妊婦」たちです。医療、保育、介護といった、人々の命を守る最前線の職場は、多くの女性労働者によって支えられています。金融機関やスーパー、ドラッグストアなど、暮らしを支えるエッセンシャルワークもまた、多くの女性たちによって担われてきました。リモートワークが推奨されるなか、正社員には認められる在宅勤務が派遣や契約社員には認められないという格差や差別という問題も起こっています。感染リスクのなかで懸命に仕事を続けているのは男性も含めて誰しも同じですが、それが妊娠中であれば、その精神的・身体的な負担と不安の大きさは、はかり知れません。

新型コロナウイルスは、日本で感染が広がり出した当初は「妊婦への影響は少ない」とされていましたが、世界各国からさまざまな症例が報告されるにつれ、女性たちの不安は高まりました。日本産婦人科感染症学会のホームページには「新型コロナウイルス感染症（COVID－19）について　妊娠中ならびに妊娠を希望される方へ」というページが設けられ、刻々と情報が更新されています。妊婦が特に重症化するという報告はないとして「過剰な心配は不要」とする一方で「感染しないようにするのがもっとも重要」（4月17日更新第9版ver．2）との注意喚起がなされています（＊1）。

厚生労働省は4月1日に、経済団体や労働団体に対して「職場における新型コロナウイルス感染症の拡大防止に向けた妊娠中の女性労働者等への配慮について」を通知し、「妊娠中の女性労働者が休みやすい環境の整備」「感染リスクを減らす観点からのテレワークや時差通勤の積極的な活用の促進」「妊娠中の女性労働者も含めた従業員の集団感染の予防のための取組実施」などを要請しました（＊2）。4月7日には矢田わか子参議院議員が431人の妊婦の声をまとめ、働く妊婦への感染防止の取り組み強化を厚生労働省

に申し入れました。この431人の訴えは、TBS NEWSがSNS上に「働く妊婦の声」としてアップしており、その一部を読むことができます(＊3)。

いくつかその内容を紹介すると、「毎日往復3時間の電車通勤をしているが、年次有給休暇を申請しても許可されない」「派遣社員なので発言力もない」「妊娠7カ月のパート看護師だが、コロナの影響で休暇を取得したら、働くか退職するかを迫られた」「直属の上司に在宅ワークを希望したところ、迷惑だとか(人事部からは)退職をちらつかせるようなことを言われ、かなり不安とストレスの日々」など、深刻な訴えが並んでいます。妊娠3カ月の契約社員は、「妊婦の出勤停止措置を国から企業に命じてほしい」と訴えています(朝日新聞2020年4月8日配信)(＊4)。

女性たちが強制力のある政策を国に求めているのは、個々人が職場や上司と交渉しても必要な配慮を得ることが難しいと判断しているからでしょう。ある女性は在宅ワークを認めようとしない直属の上司の言葉を「冷酷な返答」と表現しています。なぜ、日本の職場は「妊娠・出産」に、こんなに冷たいのでしょうか。

妊娠中から子育て期まで続くハラスメント行為

「妊娠・出産・育児」を抱えながら働き続ける権利は、この間、男女雇用機会均等法や育児介護休業法の改正を重ね、少なくとも法制度的には整備されてきました。また近年は「女性活躍」という名のもとに、女性の労働参加が奨励されてきたのです。にもかかわらず、この危機的な状況下にあってさえ、女性たちの切実な「声」が職場に届かないのはなぜなのでしょうか。

以下からは、マタハラNetに寄せられた相談事例を手がかりに、それらについて考えてみたいと思います。マタハラNetはマタニティ・ハラスメントの被害者たちが2014年7月に設立した団体で、現在に至るまで被害者の相談支援活動を行っています(＊5)。実際の活動内容については本誌でマタハラNet代表の宮下浩子さんが語られていますので、そちらをぜひお読みください(64頁以降参照)。

筆者は、マタハラNetに寄せられたメール相談の分析をおこないました。分析対象は、開設から2017年12月までの238件です。そこから見えてくる問題について、本稿でいくつか提示してみたいと思います。なお、相談メールの分析にあたっては個人情報を省いた匿名化されたデータを用いています。また、分析についてはメールの文面から内容を読み取るという方法的限界があることをあらかじめお断りしておきます。分析結果の詳細は、マタハラNetのホームページをご覧ください。

まず、事例分析の結果、明らかになったハラスメント被害の実態について紹介します(図1、図2)。

被害を受けたときの状況は「妊娠中」がもっとも多く、6割を超えていました。次に「復帰後」、ついで「産休・育休取得中」です。「妊娠中」の被害は退職勧奨や

図1　被害時の状況

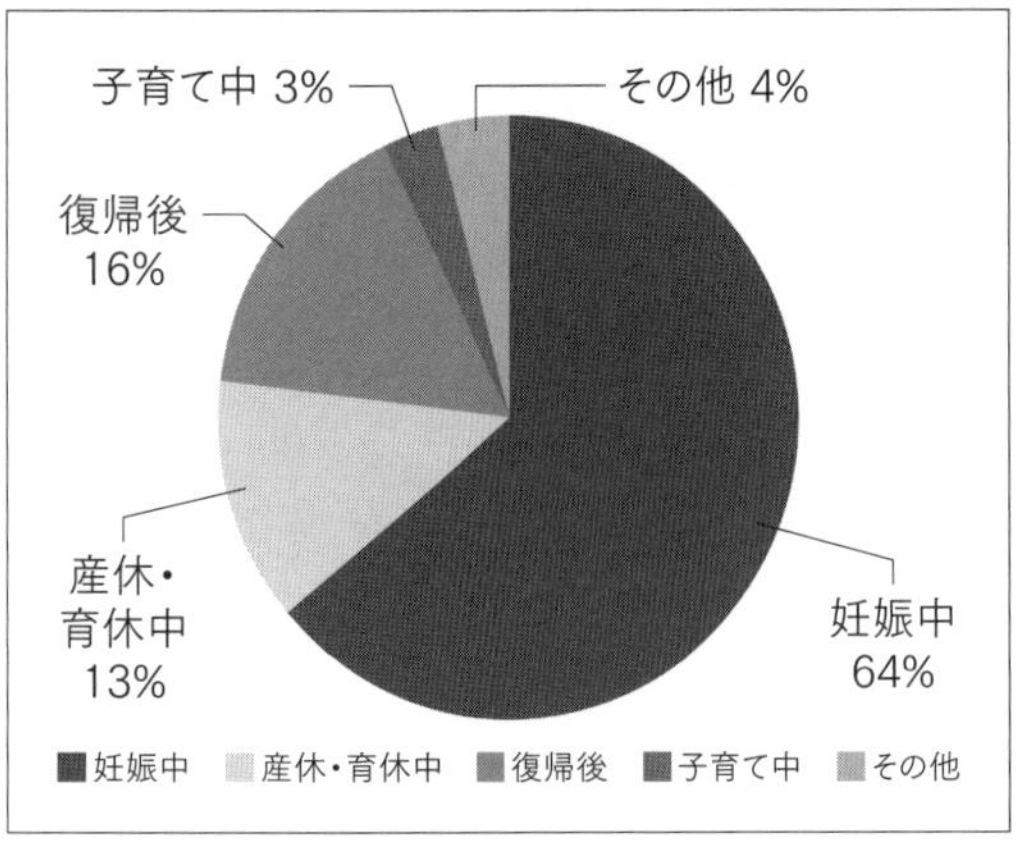

（筆者作成）

図2　被害の内容

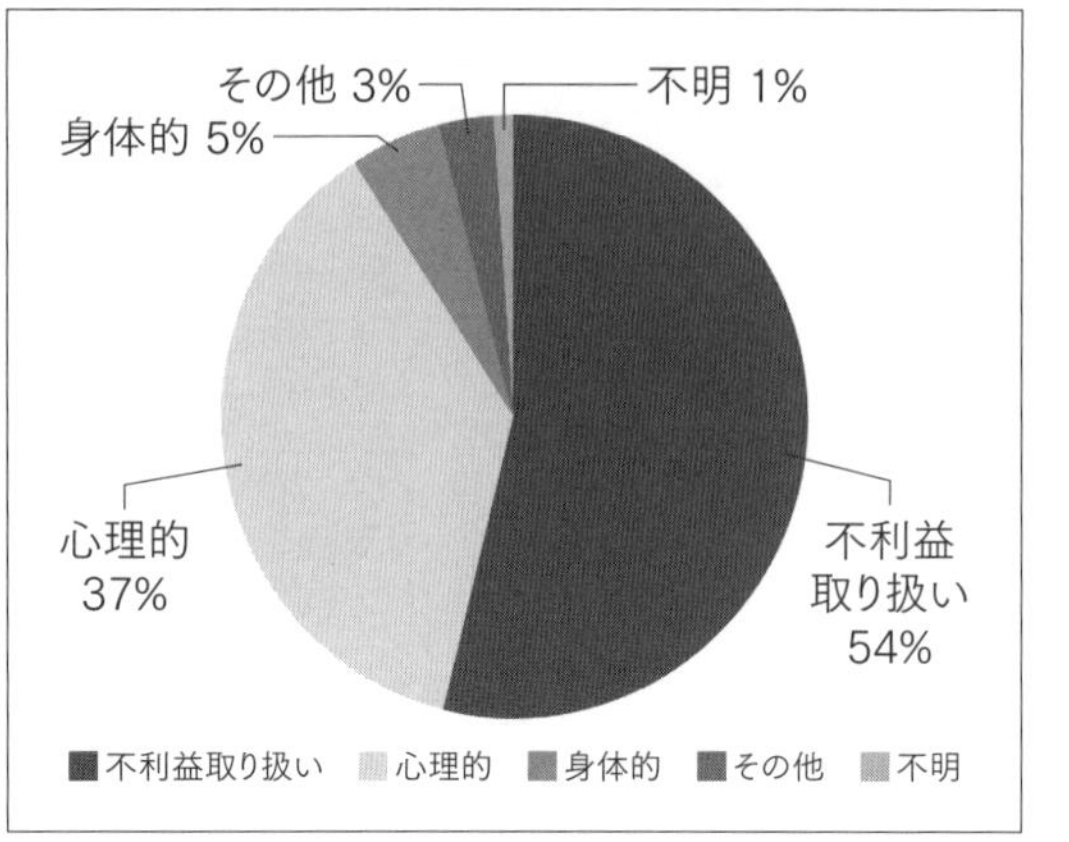

（筆者作成）

解雇、雇止めなどといった不利益取り扱いに関するものが多く、妊娠によって仕事を失いかねない状況に置かれてしまう人もいます。「妊娠しなければよかった」「子どもの誕生を喜べなくなった」など、妊娠そのものを否定的に考えるところまで追いつめられるのは、女性の「働く権利」と「子をもつ喜び」を二重に奪う、重大な人権侵害です。また、たとえ雇用そのものは継続できたとしても「夜勤免除が認められない」「必要な配慮をえられない」といった訴えは深刻です。「ストレスで流産した」という声も寄せられるなど、職場の「配慮のなさ」は心理的にはもちろん、身体的にも直接的な被害をもたらしています。

　妊娠期間が過ぎ出産が終わっても、被害は続きます。育休取得中の降格や減給処分、なかには、「所属部署がなくなっていたのに知らされていなかった」という訴えもありました。「産休・育休取得中」に受ける特徴的な被害として「復帰面談における退職圧力」があります。「三者面談での言動によりうつ症状が出始めた」といった訴えもありました。「復帰後」の不利益取り扱いもあります。一方的な職務の変更、非正規への転換強要、遠隔地への異動命令などですが、遠方への転勤で退職せざるを得ない状況に追い込まれるケースもあります。また「子育て中」と分類したのは、復帰からかなりたっている育児期にある女性からの相談も寄せられていたからです。「子育て中の無理な勤務配置」や「小児がんの子の看病中に暴言を受けた」といったものもありました。

　こうしてみると、日本の職場は妊娠中から育児期まで、「妊娠・出産・育児を抱える労働者」をとにかく排除したい、排除しようと躍起になっているようにすら見えてしまうのです。

排除の仕組みを作動させるもの

　マタニティ・ハラスメントは「妊娠・出産・育児」という事情を抱えた労働者を排除しようとする装置です。そもそも日本の職場は「妊娠・出産・育児・介護」

といった家族的責任を排除することで、生産性や効率性を求めてきました。ケア役割を専業主婦が担い、男性は仕事だけに専念するという性別役割分業システムは、高度成長期に成立したとされています。

男性労働者がつくり上げてきた「働き方」、すなわち育児や介護といった家族役割を担わずに、かつ家計責任を負っているがゆえに休みたいとか、疲れたとか言わず、長時間労働や休日出勤にも耐えるような「働き方」を、筆者は「ケア役割」と「身体ケア」という2つのケアが不在という意味で「ケアレス・マン」モデルと呼んでいます。日本社会が、長らくこうした「働き方」を標準モデルにしてきたこと、女性もそれに「あてはまる努力」を強いられてきたことが、女性の身体性を抑圧してきました。それこそがマタニティ・ハラスメントの構造的問題であると考えています。

しかし、いまや共働き世帯が専業主婦世帯の倍以上となり、主たる介護者の3割が男性となっています。ケアを「誰か」に任せて仕事だけするという「ケアなし労働者」は、すでに少数派なのです。それゆえ、男女労働者がケアを抱えながら働くための政策がすすめられてきたのであり、均等法も育児介護休業法も改正を重ねてきたはずです。ポスト「ケアレス・マン」モデルを模索し、ケアを抱えながら働ける社会が目指されてきた、にもかかわらず、相談事例にみるように、抑圧システムは一向に弱まっていないというのが現状です。

むしろ、ケアを排除する仕組みも一層、強化されているのではないでしょうか。2000年代以降、急速にすすめられた雇用の規制緩和によって非正規労働は増大し、女性のみならず男性労働者へも波及しました。教員や公務員、専門職などそれまで比較的、労働者の権利が守られてきた職業も不安定化しました。派遣や契約といった労働形態は、労働者にとって「都合がいい」というより、雇用者側にとって「都合がいい」ものとなっています。「ケアあり労働者」が増えているにもかかわらず「ケアなし労働者」を雇いたい、という雇用主側の思惑もますます強くなっているのではないでしょうか。

たとえば、以下のような相談事例群（一部抜粋・傍線は筆者）をみてください。

「妊娠を伝えた2カ月後、社長室に呼ばれ、『せっかく授かった子どもだから大事にしてほしい。何かあったら責任とれないし、健康な人に働いてほしい』と言われた。あと数週間で安定期に入る時期に事実上の解雇。」

「派遣社員です。ウチの会社は、妊娠すると会社を辞めないといけません。過去に妊娠をして流産をしました。その後に責任がある立場を任されたのですが『妊娠は、考えてちょうだい』と言われ、もう子どもが欲しいから無理だと言っても、なんだかんだ説得され仕事を続けています。妊娠しないのが喜ばしいような会社です。それは、法律でどうにかなるものなんですか?」

「私は、パート労働者のマタハラ経験者

です。会社は『くるみん企業』でした。当時の上司は、しばしば妊娠していないかどうか面談で確認を行い、体外受精や人工受精を行っているかなども聞かれました。家庭訪問の際は、親と主人の前でも、『妊娠したら退職してください』と明言していきました。」

「私は大手旅行会社グループへ内定しており、内定式に行ってきました。式の最後の社長挨拶で、『女性の方、妊娠などしないでくださいね』と言われてビックリしたのと同時に、これからが不安になりました。女性が多い職場で、待遇にも産休など書いてありましたが、その一言ですべてに疑いを持ちました。」

入社前から、あるいは妊娠する前から、正社員も派遣もパートも、このように繰り返し「妊娠・出産・育児」という事情を抱えないように圧力を受けていることがわかります。「正社員からパート社員へ半ば強制的に変更されました。しかもグループ会社への復帰で現在の会社は退職ということに。復帰直前で突きつけられ、選択の余地や会社との話し合いもできませんでした」「正社員からパートへの変更を言い渡されたりと、精神的にも肉体的にもしんどい思いをしてきました」などという訴えもあり、「ケアあり」となった途端、正社員から排除しようとする力が発動していることがわかります。

排除装置を解除するために

しかしそうした「不利益取り扱い」は、均等法、育介法違反です。そのことは、今や多くの人に理解されています。メール相談にも、法的な知識やアドバイスを求める相談が多数寄せられています。

被害内容について「違法性があるか」「不利益取り扱いにあたるか」「訴えることはできるか」と具体的に尋ねるものから、「専門の弁護士を紹介してほしい」という直接的な相談までさまざまです。また、「雇用均等室では法的に問題ないと言われたが、本当にそうなのか」など、全体の約3割近くの相談者が、すでに他機関等に相談していることが確認できました。一次相談先としてもっとも多かったのが、労働局の機関で、雇用均等室や労働基準監督署等があげられています。所属している組織内の組合や人事部等に相

図3　相談の主な目的(件数)

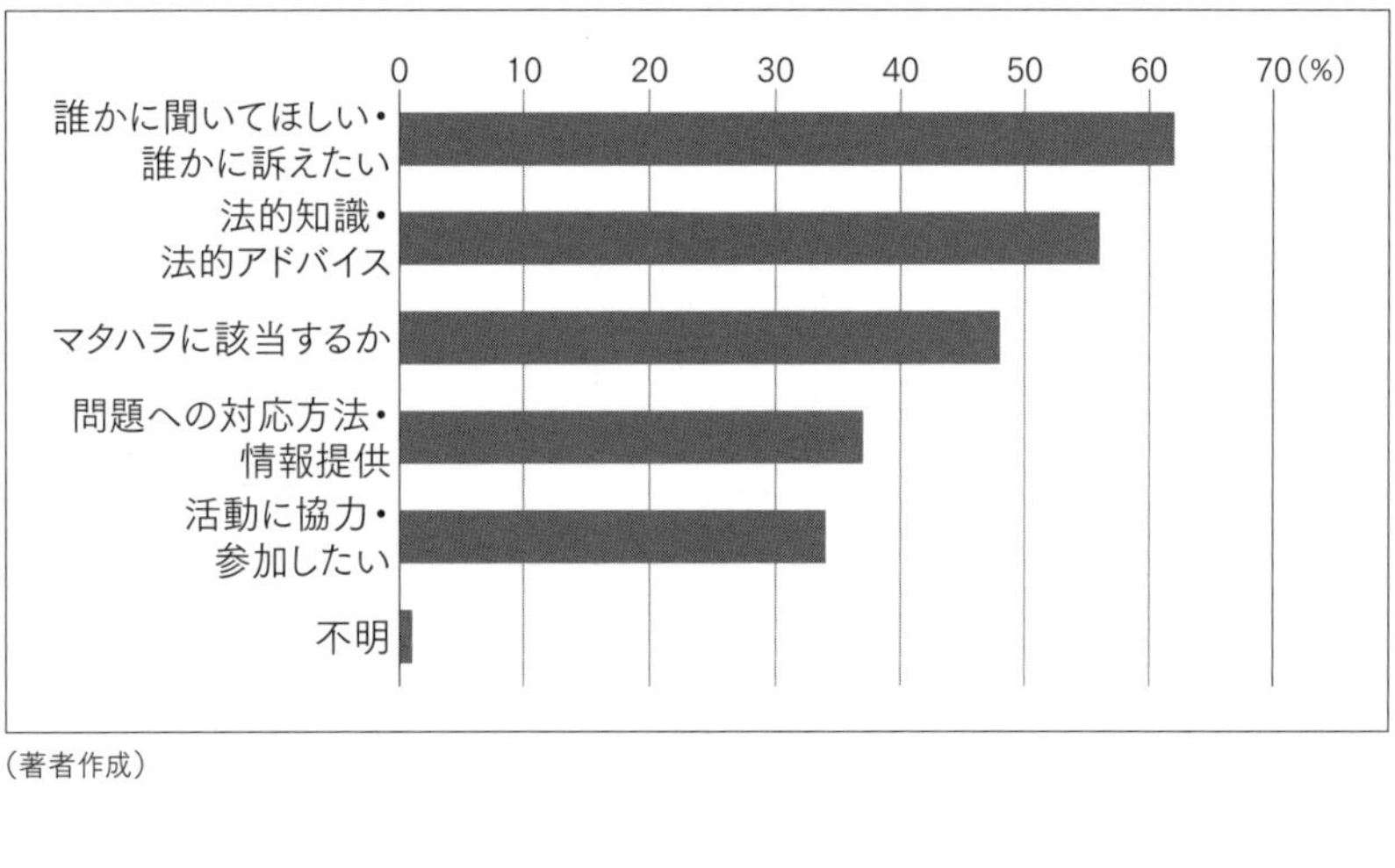

(著者作成)

談している、個人で加盟できるユニオンに相談している、弁護士に相談しているという女性たちもおり、「泣き寝入りしない」「法的に対抗する」と、声をあげようとして相談を寄せているのです。

マタハラNetでは、高度な法的知識が求められる相談には、相談員だけでなく、支援活動を支えるサポート弁護士たちが回答を寄せるなど、ていねいな対応がなされています。

こうした退職勧奨や降格、減給など「目に見えやすい被害」は、均等法違反として法的な対応を考えることもできるかもしれません。ですが、法的な告発対象とはなりにくい被害も数多く寄せられています。相談内容を分析すると、相談の目的が明確にあるわけではなく、とにかく「誰かに話を聞いてほしい・誰かに訴えたい」というものが多くありました。具体的な情報やアドバイスを求めるというより、自分の辛さ・苦しさを知ってほしい、経験を聞いてほしい、誰かにわかってほしいという「悩み相談」的なものです。「毎日辛い」「納得がいかない」「居場所がない」「ただの愚痴です」「夜も眠れない」「精神的に参っている」など、追い詰められた声が寄せられています。

「病院で働く看護師です。昨年、妊娠したことを師長へ伝えると、『共に働く看護師やスタッフに妊娠したことで迷惑をかけるため、ひとりひとりに謝れ』と言われました。終業後、狭い部屋へ3時間ほど入れられ、ずっと『どうするの？ 戻る場所なんてない』などと言われ続けました。その結果、出勤しようとするとストレスによる過呼吸になったり、最終的に貧血がひどくなったりしました。」

「先日、職場で同僚に妊娠したことを話したところ、後日、私のいないところで、『産休育休って給料もらえるんだよね？ いいよね、何にもしなくてももらえるなんて』と女性事務職の人に聞いている同僚がいました。直属の上司および全体の上司はとても理解のある方で、『頑張ってほしいけど、自分のできる範囲でいいから。出産経験のある事務の人にいろいろ聞いたらいいよ』と正直、びっくりするくらい理解がありました。その反面、『何もしなくてもお給料もらえていいな』の同僚の発言には怒りを通りこして残念でした。」

たとえ組織や会社、経営者には排除しようという意志がなかったとしても、職場レベルで、すなわち上司や同僚が排除装置を作動させてしまうことがわかります。先にも述べたように、いまや、多くの人が家事や育児や介護といった何らかのケア役割を抱えています。また、自らの身体をケアすることは誰にとっても大切なことのはずです。みんな何らかのケアを抱えて働いている、「お互い大変だね、助け合おうね」となってもおかしくないはずですが、少なくともこうした相談事例からは、職場文化や職場意識のレベルでも、ケア排除装置がいまだ根強く作動し続けている様子が確認できるのです。

ケアを抱えながらあたりまえに働くためには、こうした何重にも作動してしまう排除装置を解除していかなければなりません。いったい、どうすればいいのでしょうか。しかし、その問題はいま、すべての人にふりかかっています。新型コロナウイルス感染リスクのもとでは、誰しもが身体ケア（体への配慮）を強く求める／求めざるをえない状況です。さらに学校が休校し、さまざまな社会的サービスが停止するなかでは、みなが家族の事情にふりまわされながら仕事をしているのではないでしょうか。2つのケアを抱えながら働くことは、男性も管理職も含め一気に「あたりまえ」になりました。

かつて筆者が聞き取り調査をしたある女性は、「妊娠した女性が安全に働ける職場は、みんなにとってより安全な職場」と語ってくれました。冒頭に紹介した働く妊婦さんたちの訴えは「リスキーな働き方を容認しないで」という、あらゆる労働者の願いを代弁しているのです。その声を大きく共鳴させてゆかなければなりません。

【注】

（＊1）日本産婦人科感染症学会
http://jsidog.kenkyuukai.jp/information/information_detail.asp?id=102820
（最終アクセス日2020年4月17日）

（＊2）厚生労働省
https://www.mhlw.go.jp/stf/newpage_10656.html
（最終アクセス日2020年4月17日）

（＊3）ニュースが少しスキになるノート from TBS
https://note.com/tbsnews/n/ne77aaedae783
（最終アクセス日2020年4月17日）

（＊4）朝日新聞「「妊婦の出勤停止と所得補償を」厚労省に対応訴え」
https://www.asahi.com/articles/ASN476JDBN47UTFK019.html
（最終アクセス日2020年4月17日）

（＊5）マタハラNet
http://www.mataharanet.org/
（最終アクセス日2020年4月17日）

プロフィール

杉浦浩美（すぎうら・ひろみ）
埼玉学園大学人間学部准教授。専門は労働とジェンダー。著書に『働く女性とマタニティ・ハラスメント』（大月書店、2009年）、共著に『新版・排除と差別の社会学』（有斐閣、2016年）『はじまりの社会学』（ミネルヴァ書房、2018年）等がある。

女性の就業継続支援策は育休制度の充実だけでよいのか

――「初職継続×既婚×子どもあり」は調査対象者のわずか2・6％

日本女子大学ほか非常勤講師　三具　淳子

女性の就業継続の意義

日本全体の問題として、人口減少を背景にした労働力不足が顕在化してきました。その中で、量の不足だけでなく質の不足を解決するには女性の労働参加を重視する必要があります。教育における男女の格差はかなり縮小されてきており（＊1）、男性と同等の教育を受けた女性たちが多く輩出されるようになってきたからです。

しかしながら、現状では、女性の就業は断続的であり、そのため仕事における成熟度を高める機会は限定的です。女性も就業継続によって仕事の知識・経験・スキル・人的ネットワーク等を形成・蓄積していくことが可能になれば、裁量権をもつポジションを担う力量を備えた人材が増えてきます。企業側からみると、人材育成のコストパフォーマンスが上がることになり、その意味で就業継続は重要な意味をもつのです。

一方、個人の生活においては、夫一人の収入で生活を維持していくことが困難な層が拡大しつつあり、それは１９９０年代の終盤以降、共働き世帯が専業主婦世帯を大きく上回ってきているデータからもうかがえます。ところが、近年転職市場が徐々に整備されてきているとはいうものの、いまだに、転職に伴うリスクは多く、とくに、出産・子育て期に離職することが多い女性の場合には、その後の再就職において前職の経験がほとんど評価されないだけでなく、正規の職員・従業員として採用される割合はごくわずかにとどまっています。そして正規・非正規間の格差は非常に大きいものがあります。

非正規の職員・従業員は景気の調整弁として企業側のメリットは大きいとはいえ、働く側としては、低賃金のうえ将来何年働いても昇進・昇給の機会は極めて限定的ですし、正規の職員・従業員であればカバーされるはずの社会保険の枠からも外されています。その結果、将来受け取る年金額にもその不利が反映されることになります。出産・育児期に仕事を辞めないですむのであれば、多くの女性が離職のリスクと将来の不利な再就職を回避することができることになります。

就業継続支援の現状

女性の就業が中断される最大の局面は出産・育児と考えられてきました。したがって、女性の就業継続支援策はこのポイントに重点が置かれてきたのです。それでは、育児休業によって女性の就業継続はどの程度達成されたのでしょうか。

図1は、第1子出産前後の妻の就業状況を表したものです。それぞれの調査期間中に第1子を出産した母親を対象としています。出産前に有職であった人の割合が徐々に増えています。そのうち出産後の就業継続者は、1985～1989年調査以降の4割前後から2010～2014年調査でようやく5割超となりました。令和元年版『男女共同参画白書』においては、「特に、育児休業を取得して就業継続した女性の割合は、昭和60（1985）～平成元（1989）年の5・7％（第1子出産前有職者に占める割合は9・2％）から28・3％（同39・2％）へと大きく上昇した」ことを指摘してお

図1　子どもの出生年別第1子出産前後の妻の就業経歴

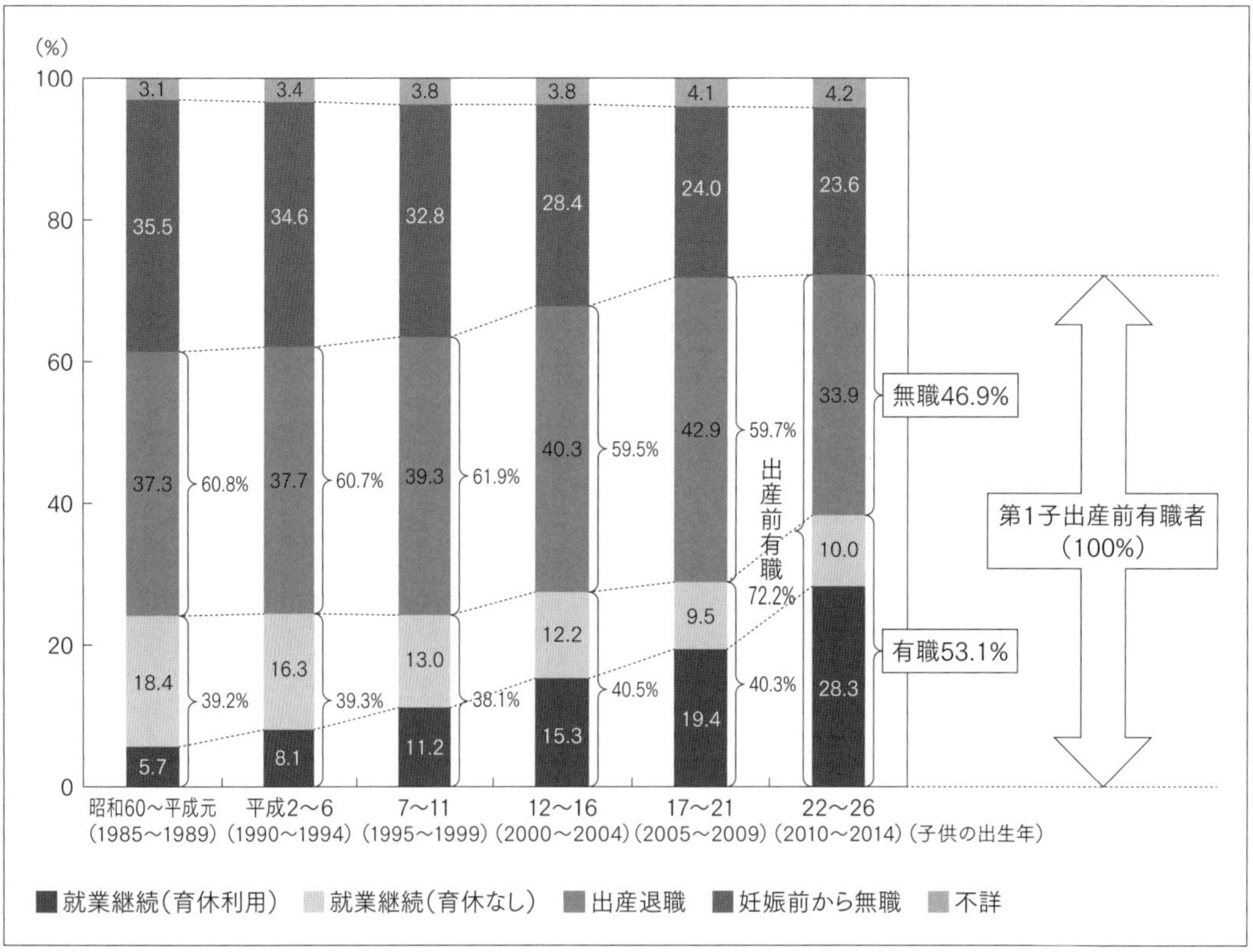

（備考）1．国立社会保障。人口問題研究所『第15回出生動向基本調査（夫婦調査）』より作成。
2．第1子が1歳以上15歳未満の初婚どうしの夫婦について集計。
3．出産前後の就業経歴
就業継続（育休利用）―妊娠判明時就業～育児休業取得～子供1歳時就業
就業継続（育休なし）―妊娠判明時就業～育児休業取得なし～子供1歳時就業
出産退職　―妊娠判明時就業～子供1歳時無職
妊娠前から無職　―妊娠判明時無職

出典：令和元年版『男女共同参画白書』

り、育児休業制度の成果の現れを強調しているように読めます。

　しかしながら、この育児休業の恩恵がどれほどの人に享受されたのか、注意してみる必要があります。ここで次のデータに注目していただきたいのです。「女性とキャリアに関する調査」（２０１１年）（＊2）で明らかになったことですが、首都圏に住む25〜49歳の女性５１５５人のうち、初職を正規雇用でスタートして就業を継続していたのは６５１人です。これは、全対象者の12・6％に当たります。育児・介護休業法の改正により、正規雇用以外でも条件を満たせば育児休業を取ることが可能になりましたが、そのハードルはかなり高いため現実的に育児休業制度を利用可能な層はこのわずかな人たちということになります。これが一点めです。

　さらに二点めとして、この調査では、女性のキャリアパターンを「初職継続型」「転職型」「再就職型」「離職型」「無職型」と5つに分けて分析していますが、初職継続者における未婚率は他のグループに比べて最も高く約6割です。日本は結婚してから子どもをもつことが前提になっている社会ですから、育児休業を取得可能なグループの未婚率が高いということは、ますます、育児休業制度が限られた層を対象とした極めて限定的な女性の就業継続支援策であるということができます。

　加えて、初職継続型の既婚者で子どものいる人といない人の割合は、およそ1対1になります。結果として、「初職継続者（正規雇用）」×「既婚者」×「子どものいる人」の割合は、調査対象者５１５５人中１３６人、なんと２・６％に過ぎないのです（＊3）。育児休業取得への道は、この超難関を超えた人にしか開かれていないということになります。

育休をとれば継続できるのか

　つまり、育休をとれる女性はごく一部の「恵まれた人」と言ってよいと思います。その幸運を手に入れられたとして、それでは育休をとれば仕事を続けられるのでしょうか。さらに、もう一歩先に議論を進めたいと思います。

　厚生労働省は、育児休業終了後の復職者および退職者の割合を出しています。表1は、２００８（平成20）年度から２０１８（平成30）年度までのデータをまとめたもので、これを見ると、育児休業を取得した女性の約9割が復職していることがわかります。男性に比べると女性の退職者割合は高いのですが、それでも育児休業後は9割が職場に戻ってくるわけです。ただし、ここに計上されている復職者は調査の前年度に育児休業が終了した人なので、最長でも復職後1年半ほどしか働いていないことになります（＊4）。復職者がこの先ずっと就業を継続しているかどうかは、ここからはわかりません。

　この点について先にあげた「女性とキャリアに関する調査」では、こんな事実がわかってきました。表2をご覧ください。先に述べたように、この調査ではキャリアパターンを5つに分けており、これはそのカテゴリごとに育児休業を取得

表1　育児休業終了後の復職者および退職者割合（％）

	女性			男性		
	育児休業者計	復職者	退職者	育児休業者計	復職者	退職者
平成20年度（2008年度）	100.0	88.7	11.3	100.0	98.7	1.3
平成22年度（2010年度）	100.0	92.1	7.9	100.0	99.7	0.3
平成24年度（2012年度）	100.0	89.8	10.2	100.0	99.6	0.4
平成27年度（2015年度）	100.0	92.8	7.2	100.0	99.9	0.1
平成30年度（2018年度）	100.0	89.5	10.5	100.0	95.0	5.0

注１：「育児休業者」は調査前年度1年間に育児休業を終了し、復職予定であった者をいう。
注２：平成24、27、30年度について、同一労働者が期間内に2回利用した場合は2人として計上し、同一労働者が期間を継続延長した場合は1人として計上した。
出典：平成22年度雇用均等基本調査および平成30年度雇用均等基本調査より筆者作成。

表2　キャリアパターン別初職（正規雇用）での育休取得者数（人）

キャリアパターン	該当者数	うち初職正規	育休取得
初職継続型	761	651	121
転職型	1,524	1,100	105
再就職型	1,206	926	48
離職型	1,603	1,326	58
無職型	61	0	0
計	5,155	4,003	332

（注）初職継続型：学校卒業後、最初に就いた仕事を現在も継続している。
転職型：現在仕事に就いているが、これまでに1年未満の離職期間があった。
再就職型：現在仕事に就いているが、これまでに1年以上の離職期間があった。
離職型：現在仕事に就いていないが、かつては仕事に就いていた。
無職型：学校卒業後一度も仕事に就いたことがない。
出典：文献1より

した経験のある人を抽出したものです。

調査対象者５１５５人のうち育休取得経験のある人は３３２人でしたが、現在も初職を継続しているのは１２１人です。女性の働き方は初職時に正規雇用が多く、また、育児休業は正規雇用でないと取得しにくいという現状から推察すると、転職型、再就職型の育休取得者はそれぞれ１０５人、48人となりますが、この人たちの多くは初職時に育休を取得後にいったん離職して現職に就いていると考えることができます。離職型では、58人が育休を取得したにもかかわらず、現在は働いていません。

全体でみると、育児休業を利用して初職正規雇用の職を継続できたのは１２１／３３２（4割弱！）ではないのか、ということです。おそらく、調査時点で育休取得後初職を継続している１２１人についても、この先長期的に見ていくとこの数字は減っていくことが十分に考えられます。

育児休業制度を利用できればその後の復職率は高く、それによって就業継続は達成されたかに見えます。けれども、それは短期的に見ているからであり、表2のように長期的にみると育児休業を取得したからといって女性の就業継続が達成されるわけではないことがわかります。育児休業制度は必要であるけれども、それだけで女性の就業継続を十分に支援できるわけではないということです。

何が必要なのか

どうして育休復帰後に離職することになってしまうのか。この点を考える必要がありますが、その前に、再び「女性とキャリアに関する調査」のデータを見ると、「初職継続型」の人たちの「仕事環境の評価」(労働時間・休日、雇用の安定、両立支援制度、自宅との距離、人間関係)は、他のキャリアパターンに比べて高い結果となっていました。つまり、当たり前のことですが、労働時間や休日、通勤時間等に無理がないといった基本的な条件が整っていなければ持続可能な働き方はできないことを、まず再認識する必要があります。

そのうえで、離職した女性の声としてネット上では、「育児が予想以上に大変」「自分の体力・精神力に限界」「子どもの健康上の問題」「夫の協力が不十分(長時間労働を含む)」「親などの協力が得られない」「子どもの体調変化などに対して職場の理解が得られない」「職場での処遇、配置転換(慣れない仕事と慣れない育児の同時スタート)」などさまざまな理由があがっています。なかでも「そもそも多くの女性が〝辞めても惜しくない〟程度の仕事にしか就けていない現状がある」という指摘を、企業は真摯に受け止めてほしいと思います。

しかし、これまで示してきたように、育児休業による女性の就業継続支援は、小さな針穴に通った糸を切らないための策ということになります。それも決して十分ではないのです。だからと言って、その支援が不要であるという意味ではありません。

ですが、忘れてはならないのは、大多数の女性たちが、そもそも正規雇用に就けなかったり、正規雇用の職に就いたとしても出産・育児にかかわりなく初職から離れて多くが非正規の職に移っているという現実(＊5)です。男性も含め就職後3年以内の離職が3割超という数字(＊6)も示されています。育児休業制度利用の対象とならない女性たちは、出産＝離職を避けられないのです。

なぜ女性は仕事を辞めるのか
——5155人の軌跡から読み解く

岩田正美／大沢真知子編著
日本女子大学現代女性キャリア研究所編
青弓社／1,600円＋税

女性が仕事を辞めるのは「仕事のやりがい」「労働環境」が原因だった——働く／働きたい／働き続けたい女性の就業実態をデータから照らす。

第１章　M字就労はなぜ形成されるのか
第２章　初職継続の隘路
第３章　就労意欲と断続するキャリア
第４章　非正規女性たちのキャリアのゆくえ
第５章　専業主婦の再就業
第６章　小さい子どもをもつ女性とキャリア
第７章　資格は本当に役立つのか

国は、ごく一部の初職（正規雇用）一貫継続就業に限定した支援だけでなく、それ以外の働き方の問題点や不利に目を向け、それらを解消するための施策およびキャリアの軌道修正を支援する方策を検討・実施することに注力すべきではないでしょうか。

【注】

（＊1）学校基本調査によれば大学（学部）への進学率（過年度卒業者を含む）は1975年には男性41・0％、女性12・7％とその差は約30ポイントありましたが、2016年には男性55・6％、女性48・2％と、その差は7・4ポイントへと縮小しています。

（＊2）2011年に日本女子大学現代女性キャリア研究所が実施。対象者は首都圏在住の短大・高専卒以上の女性5155人。

（＊3）詳細は、文献1をご参照ください。

（＊4）雇用均等基本調査は基本的に10月1日現在の状況について調査を実施することになっているため。

（＊5）詳細は、文献2をご参照ください。

（＊6）厚生労働省「新規学卒者の離職状況」（アクセス2020年4月22日）

https://www.mhlw.go.jp/stf/seisakunitsuite/bunya/0000137940.html

【文献】

1 三具淳子「初職継続の隘路」『なぜ女性は仕事を辞めるのか　5155人の軌跡から読み解く』青弓社、2015年

2 杉浦浩美「就労意欲と断続するキャリア―初職離職と転職・再就職行動に着目して」『なぜ女性は仕事を辞めるのか　5155人の軌跡から読み解く』青弓社、2015年

プロフィール

三具淳子（さんぐ・じゅんこ）

日本女子大学ほか非常勤講師。専攻は家族社会学。『「労働」の社会分析　時間・空間・ジェンダー』（法政大学出版局、2014年、共訳）、『なぜ女性は仕事を辞めるのか』（青弓社、2015年、共著）、『妻の就労で夫婦関係はいかに変化するのか』（ミネルヴァ書房、2018年、単著）など。

妊娠・出産、育児世代の教職員急増

――求められる制度周知・理解と利用促進

日本教職員組合女性部長　西嶋　保子

■産休・育休を取得する教職員が急増している一方、過重労働の日々

2007年以降団塊の世代が大量退職し、それに伴って大量の新採用の教職員が学校現場に入ってきました。ここ数年、その人たちが結婚、妊娠・出産の時期をむかえ、学校現場では産休・育休を取得する人が急増しています。

一方で、現場では、働き方改革が叫ばれながらも大量の業務が課せられ、際限のない超過勤務が続いています。仕事に追い立てられる日々にあって、周りの教職員に配慮する余裕もないのが現実です。

そんな中で、病気、妊娠・出産、育児、介護などさまざまな事情で、今までのような働き方ができなくなった教職員は大変苦しい立場に立たされています。心身の状態や生活状況が変わってきているにもかかわらず、今までと同じ内容・量の仕事をこなさなければならないと、必死にがんばっている人を多く見かけます。

日教組は、さまざまな生活背景を持つ教職員の誰もが働きやすい職場環境づくりをめざして、妊娠・出産、育児・介護にかかわる各県の規定や権利行使の状況を調査し、交流も行いながら働きやすい職場をつくっていこうと提起しています。次に、これらの調査・交流の中で見えてきた実態や課題を述べていきます。

■妊娠～産前休暇前までにみられる課題

◇妊娠したことを上司に報告すると、マタハラ発言

中3の担任途中で妊娠がわかり、管理職から「途中交代は本来あり得ない。時期を考えろ」と言われたという事例のように、妊娠を告げたら上司からマタハラ発言が返ってきたといったことは、残念ながらよくあります。妊娠・出産によって学校の体制が途中で変わることもありえるという意識に欠けるだけでなく、人権をないがしろにするマタハラ発言をする管理職が少なくないのが現状です。

保護者との関係でも、「妊娠を公表したことで信頼関係が崩れたように感じた」という報告もあります。世間でよく言われる、担任の「当たり、はずれ」。これらは明らかに妊娠した女性教職員へのハラスメントです。妊娠・出産は喜ばしいことであるはずなのに、心から喜んでもらえない厳しい現実は、多忙な現場の（学

校現場も保護者の労働現場も）余裕のなさの表れでしょうか。

◇周囲への負担を考え無理をしてしまうことにより起きやすくなる切迫流産などの妊娠障害

管理職からの配慮がない、管理職が妊娠中・母性保護に関する休暇制度をよく知らない、そのため、妊娠中の定期健診すら年休をとって行った人もいます。

妊娠中の教職員の中には、自分のつらさは周りの人にはわかってもらえないと黙って無理をして働いた結果、切迫流産などの妊娠障害で休むことになるケースも少なくありません（図1）。

図1　Q1：妊娠中、妊娠障害の症状はありましたか（ありますか）（複数回答）

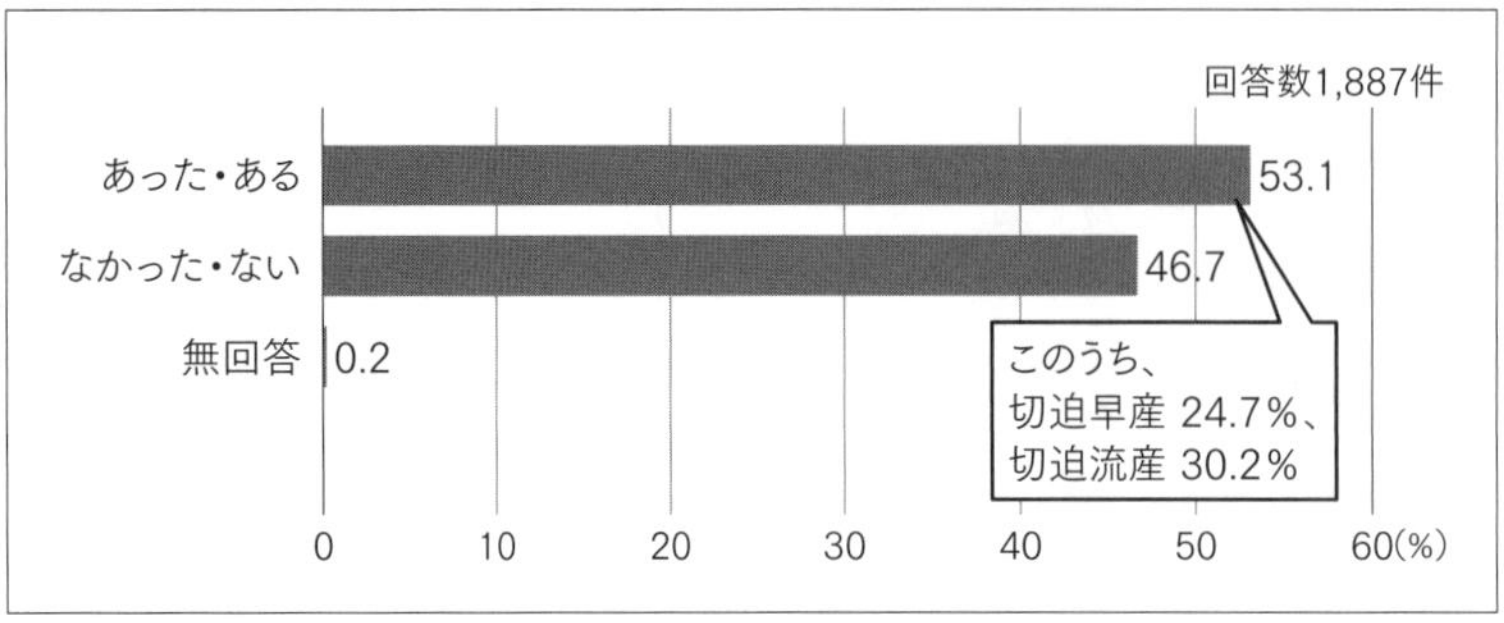

回答数：22,724件、うち女性：14,328件、男性8,302件、性別無回答：94件
校種：小学校：15,172件、中学校5,336件、高校：1,373件、特別支援学校：565件
Q1・2の対象：15年4月1日以降に妊娠・出産した教職員
出典：日教組「妊娠・出産、育児・介護等に関する権利行使について」（2017年WEB調査）

図2　Q2：労働環境が妊娠・出産に影響したと思いますか

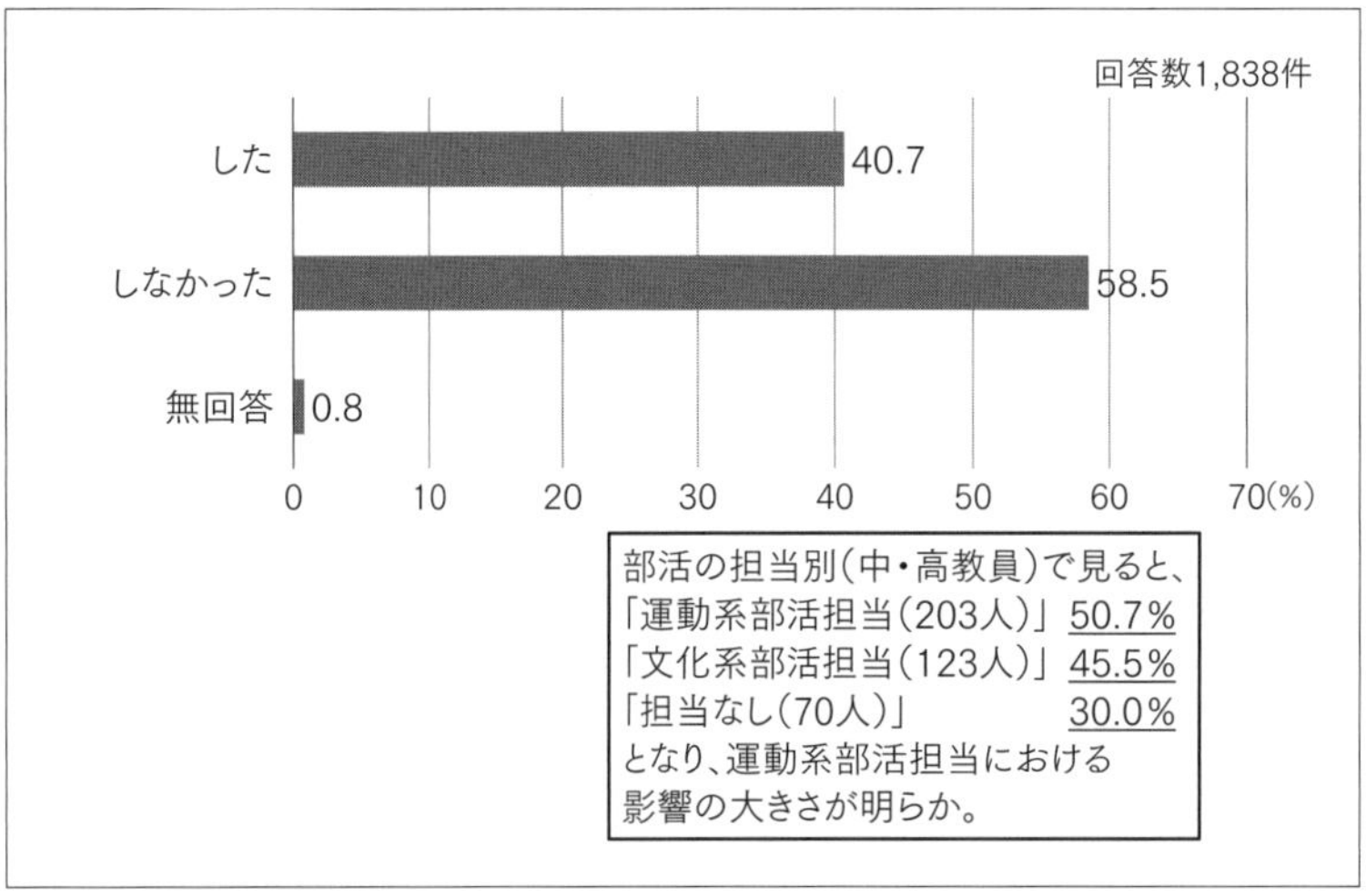

（出典は同上）

教職員に切迫流産や切迫早産が多い原因については、他業種でこういった調査が行われていないため、はっきりしたことはわかりませんが、立ち仕事で動き回ることが多いことも原因の一つと考えられます。しかし、それ以上に問題なのは、多くの妊娠中の教職員が自分が休むことによって、周りに負担や迷惑をかけてしまうと考えて、無理をしてしまうことではないかと思います。2017年調査では、20・7%の人が妊娠障害休暇の必要があったが制度を利用しなかったと回答しています。

また、部活動の顧問は代わりの人がいないため、休日の大会なども引率して行かなければなりません。ほぼ一日仕事で、かなり負担が大きいといえます（図2）。

◇本人も管理職も、つわりで休めることを知らない

つわりについても休暇制度があること

を知らず、年休で休んでいる人もいます。管理職も制度を知らない人が多いという実態があります。さらに、管理職の中には、「つわりぐらいで」と、休むことに否定的なマタハラ発言をする人が見られます。

診断書が出れば医師の判断ということで安心して休むことができるのですが、そうでない場合に自分の判断で休むことには引け目を感じるとの声も聞かれます。

◇妊娠障害を理由とした2週間の診断書でも代替教職員の配置を

現在の制度では、病気休暇で休んだ場合、1カ月以上の診断書が出なければ代替教員が措置されません。ところが、切迫流産など妊娠障害が起きても、とりあえず2週間様子を見ましょうという形で診断書が出されることが多いので、2週間後に再度検査を受け、もう2週間安静を、さらに2週間と延長され、結局、長期に休むことになってしまうことがあります。そうすると代替教職員が配置されず、クラスの担任不在が長期に続くことになってしまいます。

クラス担任が不在の期間は、他の教員が空き時間に交代でそのクラスに出向いたり、管理職が中心になって担任の代行を行ったりしていますが、担任が入れ替わり立ち替わり入ることで、子どもたちはこれまでと違う指示に戸惑ったり、統制がとれなくなったりすることも多く、保護者もまた不安な状況になってしまうことが多いのです。

休暇中の教職員も落ち着いて療養に専念できず、自分を責めたり、少し良くなれば職場復帰しようとして無理を重ね、再入院するケースもあります。

最近ようやく、妊娠障害等で2週間の診断書が出た時点で代替教職員を配置するとの規定を設けた県が出てきています。これは、各都道府県教組が教育委員会と粘り強い交渉を重ねた結果ですが、引き続きとりくむ必要のある課題です。

◇産休・育休取得者の急増に対応できない代替者不足

最初に触れたように、ここ10年ほどで大量の新採用教職員が入ってきています。ある県では、教職員の約半数が入れ替わったという話も聞きます。そのため、結婚、妊娠・出産の時期も重なることが多く、1校で産・育休取得者が複数人という状況は珍しくありません。

また、近年は精神的トラブルなどにより病気休職する人も多く、その代替として、臨時的任用教職員が配置されています。このように、かなり多くの産・育休や病気休暇の代替として臨時的任用教職員が配置されているため、リストアップされていた人がすでに任用されてしまい、突発的な病気や妊娠障害等による病気休暇への代替教職員が見つからないという問題が出てきています。半年以上先の産休予定者の代替もなかなか見つからないというケースもあります（図3）。

もう一つの原因は、学校現場が過酷な勤務状況であることから、教員養成大学卒業者ですら教員を志望しない状況が起きていることがあげられます。退職者への代替教員の依頼も増えていますが、退職者も再任用など次の職場で勤務していることが多いため、なかなか見つからない。この状況は年々厳しくなっています。

そこで、教員免許更新講習を受講せず、教員免許が失効となっている方々に対して、3年以内に教員免許更新講習を受講することを条件に臨時免許状を発行し、臨時的任用教職員として採用する、という対策が昨年、文科省から出されました。その効果については、まだ実態把握ができていません。

図3-1　育休代替配置

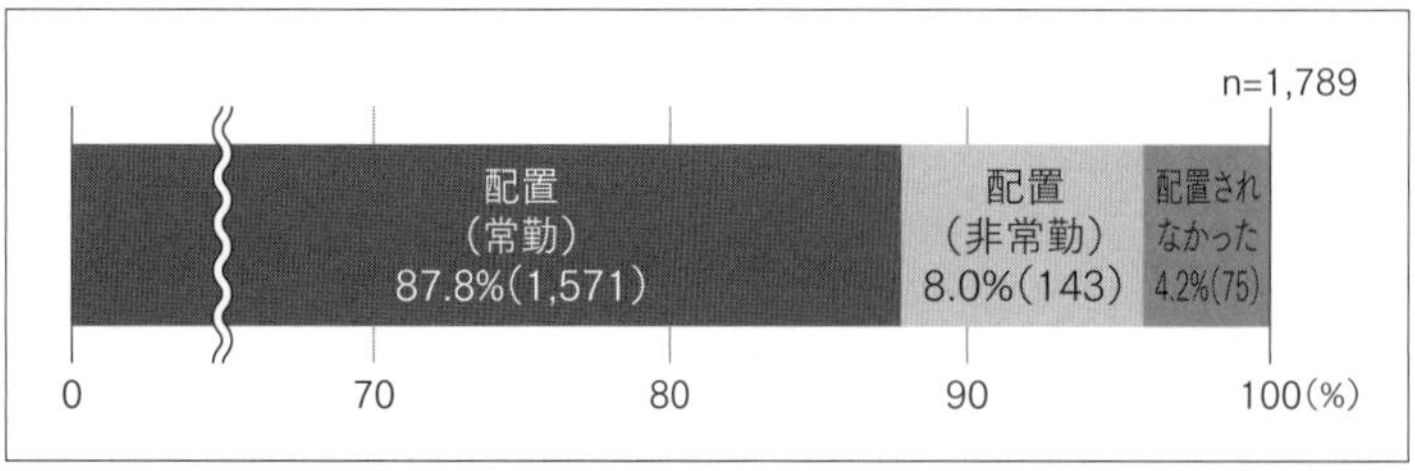

図3-2　配置されなかった理由

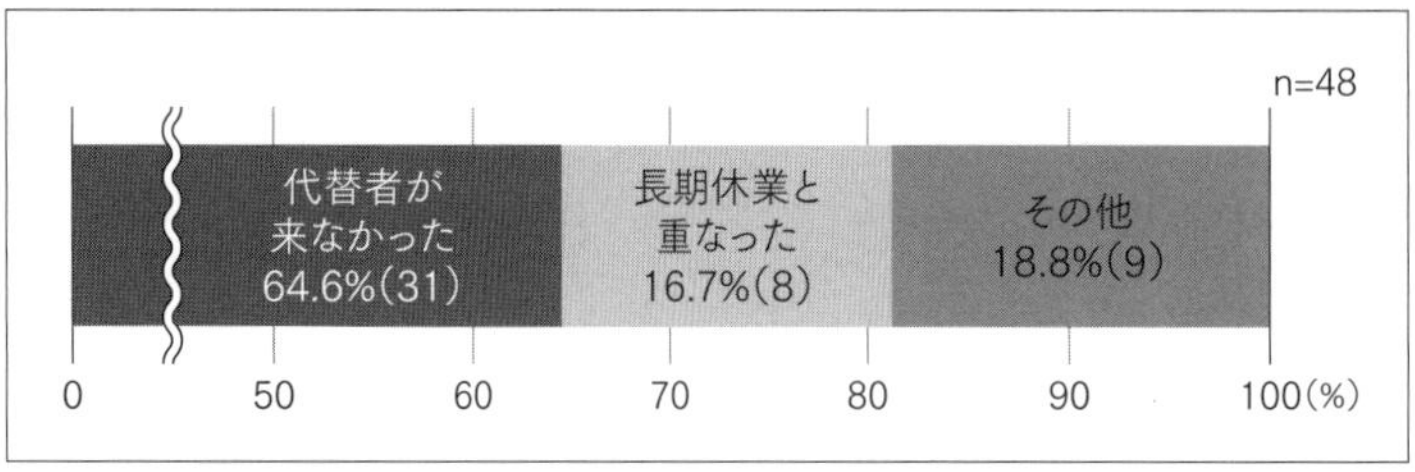

出典：日教組女性部「妊娠・出産に関する権利、育児・介護に関する権利等各県の規程及び権利行使についての調査結果」(2015年調査)

■育休が延長されても給与保障はない

育児休業期間が3年に延長されたことによって、7割以上の方が1年以上の育児休業を取得しています。今まで以上にゆったりと育児にかかわることができるので、おおむね好評です。しかし、休業中に次の子を妊娠するなどして、延長を重ね、10年ぶりに復職するケースも出てきており、家庭生活と学校現場とのギャップに戸惑う人もいるようです。

また、育児休業は法定休暇ではないため、給与保障はありません。共済組合から育児休業手当金が支給されますが、子が1歳になるまでで、給与の60%程度です。育児休業が長期にわたるために収入はなし、という状況に対して、給与保障を求める声があがっています。

■育休復帰後の課題

◇育児短時間勤務制度の利用に立ちはだかる壁

復帰後の課題としては、育児短時間勤務制度にかかわるものがあります。育児短時間勤務制度は、多くの方が活用されている県がある一方で、あまり活用されていない県があるのも現実です。このような県では、「前例がない」「保護者からの批判に対応できない」「学校現場の担任にはそぐわない」などの理由で、管理職が認めないというのです。また、育児短時間勤務の半分を負担してもらう臨時的任用教職員が、早くから申し込んでも見つからないことも多く、それがなかなか取得できない理由でもあると聞きます。

この制度については、取得する本人だけでなく、周りの教職員にも制度の意義について共通理解を図っておかないと、「好き勝手にラクをしている」と誤解されることもあり、終業時間が来ても帰りづらいという問題が起こっています。事前に管理職が、周囲に対し丁寧な説明をしておく必要があります。

◇育休中に復帰へむけた制度の説明などのサポートを

育児休業から復帰するとき、多くの人が出産前の自分の働き方をイメージしているため、そのような働き方ができるかと不安を感じている場合が少なくありません。特に、周りに迷惑をかけることを極端に恐れているようですが、これは以前に、他の妊娠教職員や育休復帰した教職員に対する周囲の不満などを聞いていて、それが今度は自分にむけられるのではないかという不安からきているように思われます。

なかには、学校に迷惑をかけるぐらいなら退職して、仕事ができそうなときに臨時講師や非常勤をしようと考える人もいるとのこと。育休から復帰する時期に、生涯賃金やさまざまな保障など自分の働き方やどんな制度があるのかを本気で考え始める人もいます。

育児休業中に、復帰後の働き方を考えるための情報が少なく、保育園入所申し込みや制度の内容について間違った思い込みをしていて、いざ復帰となったときに慌てるという人が少なからずいます。たとえば、育児短時間勤務を希望していた人が保育園に申し込もうとしたら、勤務時間が短いために預けられなかったということがあり、そのため短時間勤務の希望を取り下げることがみられます。

育児休業中に、復帰にむけて、制度の説明や保育所情報などのサポートをする体制の必要性を感じています。いくつかの教職員組合では、育児休業中の組合員に「カムバックセミナー」などを企画して、情報提供に努めています（横浜市教職員組合の「産・育休者職場復帰応援セミナー」については30頁参照）。

■男女ともに休暇休業制度の周知を

各県とも、育児休暇休業制度は多岐にわたって拡充しています。しかし、現場の教職員にそれが周知されていないことが問題です。また、多くの教職員は、少しぐらいつらくても自分が休むわけにはいかないという思いが強く、何かあっても「とりあえず年休」と、年休で対応しがちになっている実態もあります。

休暇制度は行使する本人だけでなく、その周りで支える人たちがその内容を十分に理解していないと、本当に困ったときに助けになりません。そのため女性部は、休暇休業制度についての学習会を各単組で丁寧にとりくみ、女性だけでなく男性にも一緒に学習してもらおうと企画をすすめています。

さまざまな生活背景を持った多様な人たちが、いきいきと働きやすい職場にしていくため、目下の最大の目標は、「勤務時間内で業務が終わる学校」であり、学校の働き方改革の実現です。このとりくみをすすめるために、これからも全国の単組女性部が連携してとりくんでいきたいと思います。

プロフィール

西嶋保子（にしじま・やすこ）
兵庫県内の公立小学校で教員として勤務。兵庫県教職員組合で7年間専従役員（執行委員・女性部長、副委員長等）を務めたのち、2020年4月から日本教職員組合中央執行委員・女性部長。

パートナーの妊娠がわかったときからやっておくこと

NPO法人ファザーリング・ジャパン ファウンダー／代表理事 安藤 哲也

■「ともに働き、ともに育てる」に意識をスイッチ

私たちファザーリング・ジャパン（以下、ＦＪ）は「父親の育児支援」をテーマに10年以上活動してきました。講演セミナーやイベント等を通じて、これまで数万人のパパやママたちに出会い、さまざまな相談を受けてきました。子どもの育て方に関する相談とともに、年々増えてきているのが「仕事と子育ての両立」。ママだけでなくパパからも、です。社会情勢の変化とともに共働き家庭が増えていますが、昭和から平成の中盤までは、多くの人が性別役割分業や長時間労働という因習の呪縛《じゅばく》から、女性も男性も抜け切れていなかったことで、育児や介護といった家庭内ケアワークと仕事とのバランスが取れないことは根深い課題でした。

ＦＪは、女性活躍の推進は「男性の家庭進出（家事育児への参画）」を前提にします。役割の「分担」ではなく「シェア」。父親も母親も「ともに働き、ともに育てる」に意識を変えることが肝要です。なので、本稿ではパートナー（妻）が妊娠→出産→育児期に、夫（父親）はどう対応すればよいかを伝えることを目的としますが、具体的な方策の前にまずは「なぜそれが必要なのか」を考えてみたいと思います。

■家族のビジョンを考えよう

育児と仕事の両立、つまりワークライフバランスには「戦略」が必要です。両立戦略というと「家事育児の分担をどうするか」という点になりがちですが、その前に考えなければならないのは「家族のビジョン」です。「家族として何を大切にしていきたいのか」「どのような環境で子どもを育てたいのか」「パパ・ママそれぞれどのようなキャリアプランや趣味を持っているか」など、夫婦で価値観や希望を擦り合わせ（子どもが大きくなったら子どもも入れて）、ざっくりとした家族の「未来予想図」を描き共有しておくことです。

これをやってないと、つまり「ビジョンの共有」をせずに家事育児の分担の話をしても軸が合ってないので、それぞれ勝手な価値観や考えで話すため、折り合いが難しくなります。「自分のほうが大変！」と苦労の張り合いになったり、家

事の押しつけ合いになり、無駄な争いやストレスを招くだけでしょう。両立には程遠く、すでにいっぱいいっぱいになっている人も原点に立ち返って、夫婦でビジョンを話し合うことをＦＪはおすすめします。大切なのは、二人で「どうしたらそのビジョンを現実にできるか」を考え、うまくいかない場合でも諦めず、トライ＆エラーで手を取り合ってやっていくこと。それが夫婦の絆を強め、愛情曲線の低下を防ぐリスクヘッジにもなるのです。

図1　「円満夫婦」は「不満夫婦」より夫婦の会話が3倍長い

「円満夫婦」		「不満夫婦」
夫婦平日会話時間 58分	＞	夫婦平日会話時間 18分
夫婦休日会話時間 2時間	＞	夫婦休日会話時間 42分

「夫婦の会話時間」に大きな違いがあった。「円満夫婦」の夫婦の会話時間は「不満夫婦」の3倍長い。また、「不満夫婦」は平日ほとんど会話をしていない。

N＝円満夫婦972, 危機的夫婦494

出所：「結婚と離婚に関する意識調査」（2016年実施、NPO法人ファザーリング・ジャパン）

■妊娠した日から育児は始まっている！

病院で妊娠がわかったその日、妻から連絡が入った夫は大喜びするはずですが、不安もあります。でも大丈夫。スイッチが入るのが少し遅いかもしれませんが、すでに気分は前向きな「プレパパ」のはずです。プレパパにはやることがたくさんあるので、よく聞いてください。

まず妊婦検診はできる範囲で同行しましょう。赤ちゃんの心音を確認したり、エコー検査でおなかの赤ちゃんの様子を一緒に確認できたら意識も上がります。同行できなくてもプレパパは赤ちゃんの成長に関心を持ち、妊婦健診の日には「どうだった？」と声をかけ、パートナーの体調を気遣いましょう。男性は自分の身体に変化がないので、なかなかパパになる実感が湧きにくいですが、パートナーのケア、そしておなかの中の赤ちゃんをすでに家族の一員として意識しておくことが大事です。「仕事に行ってくるよ」「おやすみ」など、おなかの赤ちゃんに話しかけることで、プレママも安心するし、誕生前に家族としての意識が形成され、産後の子育てがスムーズにいくとも言われます。

また、自治体や産院などで両親学級もあります。週末開催が多いですが、最近では平日開催のプレママパパ講座に仕事を休んで参加する男性も増えています。参加してくれるとパートナーとしては出産・子育てについて学ぼうとする夫の姿勢をうれしく感じますし、一緒に学ぶことで知識の差が開かないというメリットもあるので、ぜひ積極的に夫婦で参加しましょう。

■里帰り出産？　マイタウン出産？

出産をどこでするのかも大事なことです。早い段階から夫婦で話し合っておきましょう。「里帰り出産」は、日本では当たり前の文化みたいになっていますが、海外ではあまりないそうです。でも日本では（期間はさまざまですが）まだ6割くらいのママが里帰りをしています。理由もいろいろでしょうが、普段からパパの帰りが遅く、夫に産前産後のサポートを頼れない夫婦が多いために選択するケースが多いとも言われています。

里帰り出産は、実母がいる実家に帰るケースが多いのですが、晩産化に伴い、親も高齢化していて体力的にきつかったり、実家内で介護が発生していて育児のサポートが難しいケースや、そもそもママと実親との関係が良くなく、「帰れない・帰りづらい」というケースも見られます。なので、プレパパとしては「里帰りするのだろう」という先入観を捨てて、自身の働き方の変化も伝えつつ妻と話し合い、事情や環境を考慮して「するか・しないか」の判断をしてください。仮に里帰りする場合でも、期間が長引かないようにすることが大事。父親の育児機会が減らないこと、夫婦で子育てをすることを前提と考えてください。

里帰りしない出産をＦＪでは「マイタウン出産」と呼んでいますが、その場合は地域のさまざまなリソースを使って乗り切ることになりますが、一番の頼りはやっぱりパパ（夫）です。特に産後１～３カ月くらいは、赤ちゃんの世話に限らず、ママの回復の状況、産後うつの発生率も高いので、できればパパが育児休業を取ることをＦＪでも推奨しています。

出産前から働き方を見直して、生活を整える

ママは赤ちゃんのためにいろいろ準備をします。体調管理のために食事や働き方などに気を遣います。プレパパもぜひ出産前から、特に生活習慣そして働き方を見直していくとよいでしょう。赤ちゃんの成長発達のためには、安定した生活リズムが大切です。私もそうでしたが、「何とかなるだろう」「子どもが生まれたら、生活を変えよう」と高を括っているとだいたい産後に痛い目に遭います。

毎日、早寝早起きしろとは言いませんが（できればそれに越したことはないが）、朝食や夕食はできるだけ一緒にとる努力をしましょう。食事は貴重なコミュニケーションの時間にもなります。「食事は家族で共にする」。これを習慣づけておくと産前産後だけでなく、その後の子育ての途中でもきっとメリットが出てくるでしょう。

ママが産後に職場復帰する場合、核家族であれば保育所の確保が必要ですので、プレパパはそのことも頭に入れ、「保活」も妻任せにせず共に動きましょう。

ハッピーな両立に欠かせないのは職場の理解

妊娠すると、つわりや腰痛などママの体調が悪くなることがあります。時差通勤、テレワーク（在宅勤務）も利用しやすくなっていますし、産休は当たり前ですが、配偶者出産特別休暇や育休（有給）を含め、いまはさまざまな両立（子育て）支援制度が公務員に限らず、民間企業や団体にもあるので、パパも所属の企業・団体の制度等を理解しておくとママをサポートでき、自分も育児にしっかり関わることができるはずです。

ただ、制度があっても環境・風土がよくない組織はまだ多いようで、特に上司（管理職）の仕事観や家庭の役割分担意識が古く（昭和の時代を引きずる）、それが圧力となって、職場・同僚の理解が進まず、「うちの会社では育休なんて取れるは

図2　育児休業取得タイプ

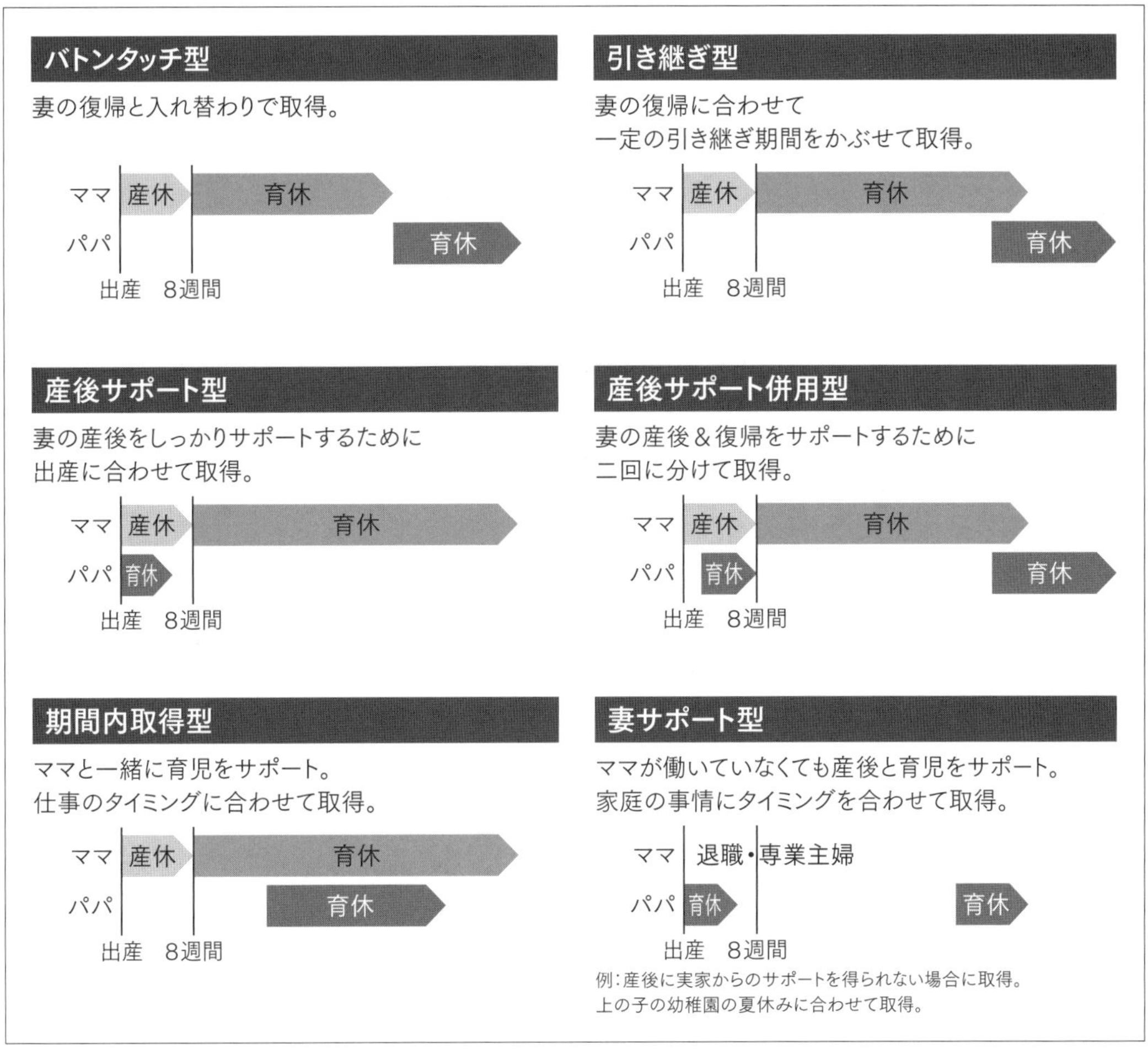

バトンタッチ型
妻の復帰と入れ替わりで取得。
ママ
産休
育休
パパ
育休
出産
8週間
引き継ぎ型
妻の復帰に合わせて
一定の引き継ぎ期間をかぶせて取得。
ママ
産休
育休
パパ
育休
出産
8週間
産後サポート型
妻の産後をしっかりサポートするために
出産に合わせて取得。
ママ
産休
育休
パパ
育休
出産
8週間
産後サポート併用型
妻の産後＆復帰をサポートするために
二回に分けて取得。
ママ
産休
育休
パパ
育休
育休
出産
8週間
期間内取得型
ママと一緒に育児をサポート。
仕事のタイミングに合わせて取得。
ママ
産休
育休
パパ
育休
出産
8週間
妻サポート型
ママが働いていなくても産後と育児をサポート。
家庭の事情にタイミングを合わせて取得。
ママ
退職・専業主婦
パパ
育休
育休
出産
8週間
例：産後に実家からのサポートを得られない場合に取得。
上の子の幼稚園の夏休みに合わせて取得。

出所：『パパとママの育児戦略』（NPO法人ファザーリング・ジャパン著、リピックブック）

ずがない」とFJに訴えてくる男性は多いのです。企業にとっても、管理職のネガティブな言動がハラスメント事案や法律違反のようなことになって、大事な社員が辞めてしまったり、報道やSNSの炎上によって企業のイメージダウンにつながることも最近はみられます。

■上司が変われば働き方が変わる！　キーパーソンは〝イクボス〟

意識が高いイクメンは増えたけど、男性が仕事をしながらも育児に主体的に関われる職場環境がいまだ日本では整っていないと感じ、FJでは多様性時代の管理職養成を狙って、「イクボスプロジェクト」を2014年からスタートしました。FJの子育て講演後のアンケートでも、「自分が仕事終わっても帰れる雰囲気ではない」「育休どころか子どものことで有休すら取りづらい」「管理職世代の意識を変えてほしい」という声がまだ多かったからです。

一方、政府が成長戦略として掲げる「女性活躍」もなかなか進まない状況です。原因はいろいろありますが、やはり「ジェンダーギャップ」が要因で、特に「男性の長時間労働・休みづらい環境」を変えないといけないと考えます。そこが変わり、父親の家庭における家事育児時間が長くなれば、どれだけ働く母親は楽になるでしょうか。しかしいまだに多くの職場では、かつて育児をしてこなかった管理職世代の昭和の男女の役割分担意識や、残業を当たり前とする仕事観が邪魔をしているのです。男女ともに育児や介護で「時間制約社員」が増える時代に経営者はそのことを理解し、多様性を活かすマネジメントができる管理職を増やさねばなりません。

「イクボス」とは、職場で共に働く部下・スタッフのワークライフバランス（仕事と生活の両立）を考え、その人のキャリアと人生を応援しながら、組織の結果も出しつつ、自らも仕事と私生活を楽しむことができる上司（経営者・管理職）のことを指します（対象は男性に限らず、今後増えるであろう女性管理職も）。

イクボスは子育てや介護をしながら働く部下の状況を正しく把握し、状況に応じてフォローできる上司。たとえば、職場で女性のスタッフから妊娠を告げられたとき、「おめでとう」と言わずに「困ったなあ」などと言ってしまうのは論外です。部下の子どもが保育園で熱を出したと聞いた場合も「こっちは大丈夫だから、安心して迎えに行ってあげて」と言ってください。「もう帰るのか。これでは戦力にならないじゃないか」などと言ってしまうのはボス失格です。

そんな価値観や働き方では、育児と仕事の両立を求める社員・職員を苦しめることになります。仕事のパフォーマンスも上がりません。ひとりひとりのキャリアパスや家庭の事情に寄り添い、部下の人生を応援し、社員を幸せにする。そのために組織の制度や働き方を抜本的に変え実行する。その実践こそが日本の子育て支援、果ては子どもが生まれ育てやす

図3　イクボス10カ条

❶理解
現代の子育て事情を理解し、部下がライフ（育児）に時間を割くことに、理解を示していること。

❷ダイバーシティ
ライフに時間を割いている部下を、差別（冷遇）せず、ダイバーシティな経営をしていること。

❸知識
ライフのための社内制度（育休制度など）や法律（労基法など）を、知っていること。

❹組織浸透
管轄している組織（例えば部長なら部）全体に、ライフを軽視せず積極的に時間を割くことを推奨し広めていること。

❺配慮
家族を伴う転勤や単身赴任など、部下のライフに「大きく」影響を及ぼす人事については、最大限の配慮をしていること。

❻業務
育休取得者などが出ても、組織内の業務が滞りなく進むために、組織内の情報共有作り、チームワークの醸成、モバイルやクラウド化など、可能な手段を講じていること。

❼時間捻出
部下がライフの時間を取りやすいよう、会議の削減、書類の削減、意思決定の迅速化、裁量型体制などを進めていること。

❽提言
ボスからみた上司や人事部などに対し、部下のライフを重視した経営をするよう、提言していること。

❾有言実行
イクボスのいる組織や企業は、業績も向上するということを実証し、社会に広める努力をしていること。

❿隗《かい》より始めよ
ボス自ら、ワークライフバランスを重視し、人生を楽しんでいること。

（NPO法人ファザーリング・ジャパンのホームページより）

い少子化対策にもつながっているのだ、ということを監理者は理解してほしいと思います。

■ハイブリッド型夫婦でいこう！

娘が生まれた1997年。私は35歳でパパになりました。「働く父親と専業主婦の母」という昭和の家庭モデルで育ち、中学・高校では「家庭科」がなかった世代です。そんな旧《ふる》い世代の男性でしたがラッキーだったのは、子どもがいても働くことが当たり前の意識を持った女性（妻）と結婚できたことです。

子どもが小さいときは病気で仕事を休むことが多くなります。朝、発熱していると「どっちが休む？」とよく妻と顔を見合わせていました。多くの家庭ではまだ母親が休むのでしょうが、妻だけが休んでいたら会社から「戦力外」とみなされキャリアに影響が出ます。

なので私は、妻の応援と子どものそばにいたいという気持ちに正直になって、自分の働き方や職場での役割を見直して、フレキシブル対応できるパパになれたのだと思います。それはまるでクルマのハイブリッド車（ガソリンと電気モーター2つのエンジンを道の状況で瞬時に使い分ける）のようなシステム（やり方）でした。

そんな育児と仕事のやりくりを3人の子どもを育てながら、妻と20年続けてきました。末っ子も中学生になり、もう子の病気で仕事を休むこともほとんどありません。妻は大手企業で事業リーダーになりました。「あの頃の暮らしが懐かしいね」。先日も長女の成人式や長男の大学入学式の写真を眺めながら、同志・戦友のような関係になった妻が晩酌しながらそう言いました。

20年前、妻がもし仮に専業主婦志向の女性だったら、僕は古いOSのまま昭和の父親のように仕事だけして育児家事に関わらず、「笑っているパパ」になれかったはずです。おかげで時間はかかりましたが（妻にはよく叱られたけど）、子育ても家事も楽しめるようになりました。女性も男性もこれから仕事も育児も人生も楽しみたい人は、燃費もいいハイブリッド型でいきましょう！

■パパとママの育児戦略

以上、本稿では「パートナーの妊娠がわかったときからやっておくこと」を、主にプレパパ（男性）さんに向けて述べてみました。本誌を手に取った妊娠された方はぜひパートナーに、もしくは同僚で妊娠した方がいたらその人にシェアしてあげてください。

言いたかったことを一言でまとめると、「大変じゃない子育てや両立はないけれど、事前に正しい情報を得て、何となくうまくやっている先輩の家庭や職場から学びながらやっていけば大丈夫」ということです。さらに詳しく勉強されたい方は、『パパとママの育児戦略』をお読みください（70頁参照）。

プロフィール

安藤哲也（あんどうてつや）
NPO法人ファザーリング・ジャパン ファウンダー／代表理事。3児の父親。9回の転職と育児体験を経て、2006年に父親支援事業のNPO法人ファザーリング・ジャパンを設立し代表に。「笑っている父親を増やしたい」と講演や企業向けセミナー、絵本読み聞かせ等で全国を歩く。管理職養成事業の「イクボス」で企業・自治体での研修も多い。厚生労働省「イクメンプロジェクト推進チーム」顧問、東京都「子育て応援とうきょう会議」委員、にっぽん子育て応援団 共同代表。

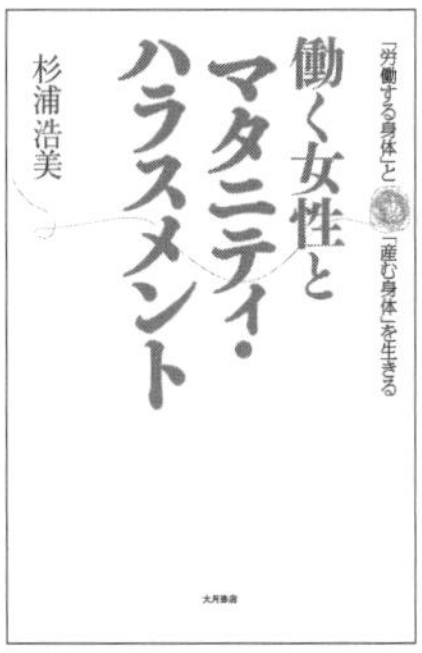

職場では「労働する身体」であり続けることを強いられる――

働く女性とマタニティ・ハラスメント
――「労働する身体」と「産む身体」を生きる

杉浦浩美／大月書店
2,600円＋税

本書は、女性労働者の妊娠期を見つめることを通して、「産む身体」と「労働する身体」の社会的矛盾や困難性を問うている。育児や家事などこれまで女性の役割とされてきた性別分業の解体がすすんでも、確かに妊娠・出産は女性特有の身体経験であり、妊娠期は労働と女性の身体性の矛盾が生じる具体的場面と言えよう。もちろん、女性＝産む身体と決めつけているのではない。産まない身体、産めない身体も含めて、月経、不妊、避妊、中絶、更年期など、女性たちはその身体性ゆえの「『ままならさ』を引き受けており」、その意味で「労働領域における『女性の身体性の主張』という問題は共有できるはず」であるし、労働の場に、妊娠期の女性が存在すること、つまり「『女性の身体性の表出』それ自体がひとつのアピールであり、『主張』である」という指摘もうなずける。

１章、２章では、女性と労働に関するこれまでの研究や、母性保護要求の議論の変遷、フェミニズム、ジェンダー研究のなかで、女性の身体性の主張がどのようにとらえられてきたかについて考察。３章、４章、５章では、働く女性の妊娠期についてのアンケート調査をもとに、女性の身体性の主張の難しさや、ハラスメントを引き起こす労働環境などを当事者の体験談を紹介しながら検討する。６章で著者は、「労働する身体」と「産む身体」の「矛盾の境界をめぐる攻防」について、①「労働する身体」であり続けるしかないという状況、②あり続けたいという女性側の意志、③身体の矛盾をめぐる外部からの線引き、④「母となる身体」への回収、⑤「性的身体」へのまなざし、という５つの観点から整理している。

アンケートでも多くの女性が、職場では「労働する身体」であり続けることを強いられる、と答えている。女性自身も、「（妊娠を理由に）残業や出張も断りたくなかった」「特別扱いされたくない」と言う。しかし、自らが「労働する身体」を強く内面化していくことを著者は危惧する。仕事で無理をして切迫早産などトラブルを抱えた妊産婦は少なくないだろうし、そこで生じた「産む身体」のリスクは女性自らが引き受けることになってしまうのだから。

また、「産む身体」に対する「企業の効率化戦略としての排除の論理」とは別に、「母親役割」へ回収しようとするプロセス、昔からある職場のジェンダー意識もやっかいだ。妊娠すると、「ダンナのかせぎが悪いの？」「なぜ、働くの？」と男性から「気軽に」言われ傷つく体験者たち。調査から約20年近くたった現在、「本能のままに行動したやろ」など、「性的身体」として妊婦を認識しロコツなセクハラ言動をまき散らす男性はさすがに減ったと思うが、このようなマタハラがいまだまかり通るのは変わりない。

結局、問われるべきは「労働する身体」だと著者は言う。「身体性の主張」の難しさは女性労働者に限らず、障碍《しょうがい》のある人、病気や事故で職場の配慮が必要な人にとっても切実な問題だ。それは、労働領域での「多様な身体」を問うことであり、女性労働者の「身体性の主張」は「労働する身体」の秩序を解体し、新たな「身体性」を確保していく試みだ、と。　（松田容子）

PART 2

育児休業制度、ここが課題

「リアルな復帰後がイメージできた」

――産・育休者職場復帰応援セミナーのとりくみ

【話し手】石高 睦月さん（横浜市教職員組合女性部長）

■経験者の話、質疑応答なども好評

横浜市教職員組合（以下、浜教組）では、本部と女性部の共催で、毎年8月末に「産・育休者職場復帰応援セミナー」を開催しています。昨年度のセミナーには、１３０名ほどの方が参加されました。対象者は、産休・育休中の組合員ですが、それ以外でも関心のある方はどうぞと伝えています。もちろん男性も参加できます。

参加者は女性のほうが多いですが、ご夫婦で来られる方もいます。パートナーが組合員でなくても参加は可能です。託児も行っていますので、小さいお子さんを連れて参加される方もいます。

開催時間は、10～12時の2時間です。プログラムは、委員長あいさつの後、私のほうから、産休・育休にかかわる権利についてお話しします。横浜市の保育園の入所情報や保育園への申し込みのしかた・ポイントなども説明します。

次に、実際に育休をとられて現場に復帰した方２名の体験を話していただきました。そのあと、参加者から復帰者に対する質疑応答の時間を設けました。こんなふうに職場復帰したという具体的な話や復帰の際に留意したほうがよいこと、育児や家事をどのようにパートナーと分担しているかなど、やはり実際に体験された方のお話はとても参考になったという感想が寄せられています。

■きっかけは育児短時間勤務制度のスタート

このセミナーを始めたのは、２００８年３月ですから、かれこれ12～13年になります。２００８年４月から育児短時間勤務制度がスタートすることになったことがきっかけです。せっかく新しい制度ができたのだから、それをきちんと知らせて活用してもらおうという趣旨で始めたそうです。

私が女性部長に就任したのは２０１９年度なので、このセミナーで話をしたのは初めてです。浜教組には18の支部があり、各支部の女性部の学習会では、出産・育児にかかわる権利をはじめ、病気休暇やリフレッシュ休暇など組合が交渉によって獲得した権利についてお話しします。すると、若い人だけでなくベテラン層の人からも、そんな権利があるとは知らなかったという感想をいただくこともあるので、こういうことを伝えていくことって大事だなと思いました。

表1　育児にかかわる制度（横浜市教職員組合）

名称	概要	取得単位	再任用	臨任
男性職員の育児参加休暇	配偶者が出産する場合に子を養育する職員。配偶者の産前・産後各8週間（多胎は産前14週）の期間内で5日以内。対象となる子は、当該出産に係る子または6歳になる年度までの子	1日・時間（1時間を超える場合15分単位）	○	○
育児時間	1歳6カ月までの子を育てる職員。1日2回以内かつ計120分以内（男性職員の場合は配偶者が育児をできない時間に限る）	1回につき30分単位	○	○
育児休業	3歳未満の子を養育する職員。女性は産後休暇終了後から、男性は出産日から取得可（共済組合の手当金あり）	承認された期間	○	
部分休業	小学校就学までの子を養育する職員。勤務時間の始めまたは終わりに1日2時間以内	30分単位	○	○
育児短時間勤務	小学校就学までの子を養育する職員。次の4パターンの中から勤務時間を選択。①週5日、毎日4時間、②週5日、毎日4時間45分、③週3日、毎日7時間45分、④週３回、７時間45分×２日、4時間×1日	1月以上1年以下の期間	○ フルタイム職員のみ	
子の看護休暇	12歳に達する日の年度末までにある子を養育する職員が、当該子の看護（負傷、疾病の治療、予防接種）をする場合に1年度5日以内（対象となる子が複数の場合は10日以内）	1日・時間（1時間を超える場合15分単位）	○	○

（注１）［網掛け］＝無給（時間での取得の場合は給与減額）
（注２）再任用・臨任職員について：○＝同様の制度があります。

■職場への復帰はフルタイムか育児短時間利用か

セミナーで出る質問で多いのは、やはり、どういう形で職場に復帰しているのかというものです。フルタイムで復帰しているのか、それとも育児短時間勤務を使っているのかなど。保育園の送り迎えをどうしているかとか、パートナーとの家事・育児の分担についての質問もありました。ほかには、職場の理解度はどうかということもやはり心配な部分ですね。

今、教職員は、最長で3年間育児休業をとることができます。自分の子どもと3年間向き合う時間がとれてよかったという意見ももちろんあるのですが、逆に、現場に戻るまでのブランクが長くなってしまうため、不安を持っている教員が多いのも事実です。復帰したときにやっていけるかどうか、家庭と仕事の両立はできるのだろうか……。職業柄まじめな方が多いですから、家庭も仕事も両方きちんとやらなくちゃと思っている人が多いように感じます。現場では、「無理をしないで」と、肩の力を抜いてあげられるような存在でありたいと思っていました。思いと現実が一致しているとよいのですが。

■多い育児短時間勤務についての質問

現在、育児にかかわる権利としては、「育児休業」のほか、表1のようなものがあります。中でも、「育児短時間勤務」についての質問が多く寄せられます。これには4つのパターンがあります。①週5日、毎日4時間、②週5日、毎日4時間45分、③週3日、毎日7時間45分、④週3日、7時間45分×2日、4時間×1日で、①のパターンを選択する人が多いです。

育児短時間勤務の場合は、働く時間数が短くなる分、給料も減額になってしまいます。具体的にいくらぐらいになるのかという質問もありました。①の週5日、4時間勤務では、フルタイム勤務の約2分の1の額になります。給料は減るけれども、短時間であってもブランクなく現場にいられるというメリットがあることから、この働き方を選ぶ方もいるようです。

■代替者がみつからないといわれても、まずは申請を

育児短時間勤務制度を使う場合も、代替者が配置されます。週5日、4時間勤務の制度利用者がいる場合、同じ学校でこの

制度を使っている人が2名いると臨時的任用職員（臨任）の教員が、1名の場合は非常勤（2020年度より「会計年度任用職員」に名称変更）の教員が配置されます。ですから、小学校で担任をもっていても制度利用は可能です。

しかも、この制度は子どもが小学校に上がる前まで使えます。3年育児休業をとったあと、何年かこの育児短時間勤務で仕事をして、子どもが小学校に就学したらフルタイムに戻るという方もいます。ただし、この制度は自動更新ではないので、年度ごとに申請をし直すことが必要です。

問題は、管理職から「代替が見つからないから短時間勤務は使えない」などと言われることがあること。実際、今は教員不足なので、代替者が確実に確保できるかといったら難しい部分もあるかもしれません。しかし、これはあくまでも権利です。組合員がこの制度を使いたいと申請したら管理職は代替者を見つけるという流れになっているので、はなから代替者がいないからダメというのもおかしな話です。まずは、申請をしてみてほしいですね。

ただ、育児短時間勤務は、たとえば新年度から始めるというふうに、区切りのよい申請のしかたが望ましいということは、セミナーの中でもお伝えしています。代替者の方の生活もありますから。年度途中に復帰すると、代替者の仕事がなくなるということもあり得ます。

また、2020年度から横浜市では「育児休業代替任期付教員」という新たな制度が導入されます。この制度は、1年を超える育休取得者（教諭・養護教諭）の代替として、育休終了日までを任期として採用されます。勤務条件は原則として正規職員と同様の扱いとなります。任期が1年以下である臨任よりも長い期間の任期が確保されますが、取得者の育休期間が短縮された場合等は異動となる場合もあります。制度の効果については、今後も注視していきたいと思います。

■お互い様の気持ちで声をかけ合いたい

育児短時間勤務を使った方の体験談では、4時間勤務と決まっているのだけれど、ついつい残って仕事をしてしまう、と言っていました。とくに担任をもっている方の場合、現実はやはり大変だと。

とはいえ、組合員の皆さんが権利を行使することで、制度が定着し引き継がれていくのですから、そこは時間どおりに帰ってほしいところです。

本人はもとより、周りの組合員の方にも、こういう趣旨の制度なので「時間だから帰って。大丈夫だよ」と言ってもらいたいなと思っています。時間どおりに帰れるかどうかは、職場の雰囲気にも左右されますから。お互い、病気や介護など、休みをとらないといけなくなることって、男性・女性問わずあるじゃないですか。だから、お互い様という気持ちをもって声をかけ合うことがすごく大事なのかなと思います。

■さまざまな感想を活かしセミナーのさらなる充実を

セミナー参加者の感想では、「実際に復帰された方のお話を聞けてよかった」という感想が多かったです（図1）。「見通しをもって復帰できそうで安心した」「権利やさまざまな働き方ができることがわかったので、自分のワークライフバランスに合わせて復帰を考えていきたい」というものも。その一方で、「育児に関する休暇等をとる権利があるということを強く打ち出すことによって、しわ寄せがほかの人に行くことが不安になる」

図1　セミナー参加者アンケートより

【感想】

- 職場復帰に関して不安なことだらけでしたが、さまざまな制度があることがわかったり、実際に育短をとられた方のお話を聞くことができてとても参考になりました。
- 実際の経験者の話からは、リアルな復帰後がイメージできました。
- フレックス制度など、新しい制度について知ることができてよかったです。
- 育休中に2人目を出産し、長いブランクを経ての復帰でとても不安です。セミナーを受け、さまざまな制度があることがわかり、少し安心しました。制度をうまく活用して復帰できたらと思います。
- 復帰の際、見通しをもって復帰できそうです。安心しました。権利や、さまざまな働き方があるので、自分のワークライフバランスに合わせて、復帰を考えたいです。
- 保活をしているので、これからの動きについて知ることができたのはよかったです。
- 異動のことまで頭にありませんでしたが、復帰後、2年くらいで次の学校となってしまうので、時短や部分休業のことをよく考えて動かなければいけないと思いました。
- 育休明け前に、権利の内容を詳しく知ることができたり、実際に経験された方の話を聞けて、これから育休復帰に向けて、自分の生活と照らし合わせて考えることができました。学校の事情によって、子育てしやすい環境が変わるのは少し不安な部分です。特に管理職の方の理解で変わりそうで、複雑です。
- 子育てに専念できている今の時間をいただいていること、改めてありがたく感じました。育短に関しては、やはり取得しづらい、周りの理解が十分ではないという思いがあります。
- 育休の制度や自分たちに与えられている権利の情報が少なく、知らないことばかりでした。組合の方々が交渉してくださって獲得したことがたくさんあると知りました！

【要望】

- 育休中の先生交流会（校種別）を開催してほしい。
- 産・育休者だけでなく、管理職の方にもセミナーに参加していただきたい。
- 9月復帰予定でしたが、保育園に入れず、今回、育休延長をすることになりました。（中略）無条件で、2年間育児休業手当が出るようにしてもらえないでしょうか。

という意見もありました。

ほかには、「自分たちだけじゃなくて皆さん同じようなことに悩んでいて、工夫していることも含めて知ることができたことが有意義だった」との感想も印象的でした。

出産・育児にかかる権利については、女性だけでなく、男性も安心して行使できるように、今後もきっかけづくりをしていきたいなと考えています。

■男性の育児休業取得を促すために

２０１９年度の横浜市教職員全体の育児休業取得者数は、10月の段階で８３７人、そのうち男性は23人です。育児短時間勤務は、２０１９年5月の段階の取得者は全体で２４１人、うち男性は８人となっています。

そこで、男性の育児休業取得を促すために浜教組では、毎年12月に「男性の育児参画学習会」を行っています。8月のセミナーと同様、育児休業をとられた男性をお呼びして体験談を語ってもらっています。

２０１９年12月の学習会にゲストで来てくださったのは、１カ月の育休をとられた方。１年間とった方のお話も伺いたかったので、それは事前にアンケートを実施し、答えていただきました（図2）。育休を取得したことに対して皆さん「よかった」という感想を書かれていました。「教員の代わりはほかにもいるけれども、子どもの父親は自分しかいないので、育児にかかわれてよかった」など。「仕事の時間のやりくりを考えるよいきっかけになった。仕事の段取りが前よりよくなった」という感想もありました。

参加者の感想も掲載します（図3）ので、お読みください。

こうしたとりくみを通して、男性の育休取得者が少しでも増えてくれればいいなと思います。

（まとめ／杉村和美）

プロフィール

石髙睦月

（いしたか・むつき）

横浜市教職員組合女性部長。公益財団法人勤務ののち、小学校教員となる。福岡県にて約4年半勤務ののち、2014年度より横浜市の教員となる。組合活動では分会長や支部書記長を歴任の後、19年度から本部専従役員（現職）となる。

図2　「男性の育児参画学習会」育休をとった人への事前アンケートより

質問項目
【質問３】育児休業取得のきっかけ
【質問４】周囲の反応
【質問５】育休中の様子
【質問６】職場復帰に向けて心配なこと（心配だったこと）
【質問７】メッセージ

Aさん

【３】子育ても3人目となり、自分の子どもたちとこれまでゆっくりと過ごせていないと感じていた。また、「今」しかない成長の姿を近くで見守りたいと思った。上っ面だけではなく、子育てにかかわれる機会をつくりたいとずっと思っていた。

【４】家族：取得するかしないか後悔してほしくないので、自分のしたいようにしたらいいと妻に言われました。
友人：よく取得する決意をしたね。その後の仕事は大丈夫なの？　などなど。
職場：管理職を含めて驚いた方が多かったです。「ダメでしょ」と否定する人はいませんでした。

【５】次女の育児休業を取得したが、3人の子どもたちがいたのでとてもハードだった。ずっと家にいる1歳、幼稚園、小学校、放課後の習い事など様々なことに対応するだけであっという間に1日が終わる、そんな毎日でした。掃除、洗濯、料理をする時間を確保するのにとても苦労しました。それでも、“子どもたちと一緒にいられる”という時間はとても幸せでした。

【６】育休中の生活がまず心配でした。手当金をいただいていても、収支は赤です。「お金で育休の時間は買えない」と思って過ごしていました。復帰後、同僚や保護者にきちんと迎え入れてもらえるのか心配でした。しかし、多くの方に「おかえりなさい」と言っていただき、うれしかったです。

【７】もし長期間の育休取得を考えているのなら、迷うことなく取得してみてください。職場にはあなたの代わりになる人がたくさんいますが、家庭にはいません。自分自身の生き方を見直すこともできました。

Bさん

【３】子どもと過ごす時間を確保したいと感じたため（長男のときに取得せずに後悔したので）。

【４】家族・友人：良好。職場：管理職以外は良好。

【５】24時間子どもと一緒なので大変ではあるが、それ以上に家族で過ごす時間が増え、コミュニケーションが多くとれたことはかけがえのない時間になったと思う。育児＋家事はとても大変!!

【６】子どもの環境変化によるストレスや体調不調が心配。自分の復帰については、仕事＋家事＋育児を回せるかが不安。

【７】仕事はいつでもどこでもできるけれど、子どもが小さいときの育児に時間をとれるのはこのタイミングだけなので、どんどん取得すればいいと思います。

図3　「男性の育児参画学習会」参加者アンケートより

- 今年結婚して、「育児」という言葉が急に身近になった気がして、今回参加させていただきました。職員に負担をかけてしまうんじゃないかという不安と向き合うことになるかもしれないですが、親として、労働者として行使できる貴重な権利だと思ったので、みんなで前向きに考えていけるようにしていかなければならないと思いました。
- 男性の育休というものを、あまり身近で考えることがなかったので、珍しいことかと思っていた。今日のお話を聞いて、思っていたよりもいらっしゃるのだと感じました。上のきょうだいのお世話や、実家に頼れないなど、様々な事情があることも知りました。学校のことはもちろんあるけれども、育休を取ることで知ることや感じることもあったり、自分の家族のためにできることがあるので、お話を聞くことができてよかったなと思いました。
- 子の看護休暇等、妻は使っているが、私は使ってこなかったこと、知識不足等があったことを知ることができてよかった。パネルディスカッションでは、生々しい話を聞けてよかったと思います。育児参画という視点では、休業という形だけでなく、家庭の時間をどうつくるかをよく考えていきたいとも思う。
- 横浜市の産休・育休制度、さらに育短などの制度はとても恵まれているなと思います。女性にとっては働きやすいはずですが、よく思わない人がいるのも事実です。歴代の女性部の方たちが頑張ってきてくれたおかげですが、感謝している人はいるのかなと……。当然の権利ですが当たり前のように取得し、その裏に未婚の人、子どもがいない人へしわ寄せがきているという気持ちを少しでも持っているのかなと……だからよく思わない人が出てくるのだと思います。そんな中で、男性の育休が理解されるのは時間がかかるのかなと思います。ただ、そういう制度があるのなら、何と思われようととればいいと思います。教員の社会だけでなく、どの社会でも女性も男性も子育てしやすい社会になればいいなと思います。

男性の育児休業

育休をとってみて発見したこと、とらなければ知りえなかったこと

小学校教員の永井康介さん（39歳）は、2019年4月から1年間育児休業をとり、今年4月から職場復帰した。その直前の3月末、育休体験を通して発見したことなどをうかがった。

お話をうかがった方
藤沢市公立小学校教員
永井 康介さん

■「自分の手で子育てしてみたい」と始まった育休生活

結婚後8年過ぎても子どもがいなかったので、「子どものいない人生を二人で生きていくのもありかなー」と思っていたところ妊娠がわかりました。「人生で一度あるかどうかの経験を、妻だけに独占させるわけにはいかない。これはもう育休をとらなくては！」と思い、僕も育休をとることにしました。

しかし、子どもが0歳の間は、組合執行部の仕事をしていて忙しく、育児も家事もほとんどできませんでした。組合の仕事も面白かったのですが、「育児をしたい」という気持ちのほうが強く、執行部継続は固辞し、2018年の夏休み明けに、管理職にも育休取得の旨を伝えました。

■0歳中は妻が、1歳からは僕が育休取得

娘が生まれたのは2018年2月。8週間の産休の後、まず妻（県立学校の教員）が2019年3月末まで育児休業をとりました。バトンタッチするように同年4月から僕が育休に入りました（図1）。娘も1歳になっており、妻が前倒しで断乳をしてくれていたので、よいタイミングで交代できたと思います。

ただ、最初の1年間は妻に任せきりだったので、僕はゼロからのスタート。妻と引き継ぎの時間がとれたのは正味3日間。この間に、娘は現在どのような硬さのものを食べられるのか、どのくらいの量を食べるのか、まだ食べてはいけないものは何かなどを教わり、実際につくってみて食べさせ、残りの食材を冷凍保存するところまでやりました。

入浴についても、妻がいない場合を想定して、全部一人でやる練習をしました。それまではお風呂に入れることと上がってからの世話を分業していたのですが、これを一人でやるのは本当に大変。ひと通り終わったら

図1　出産・育児のために取得した休暇

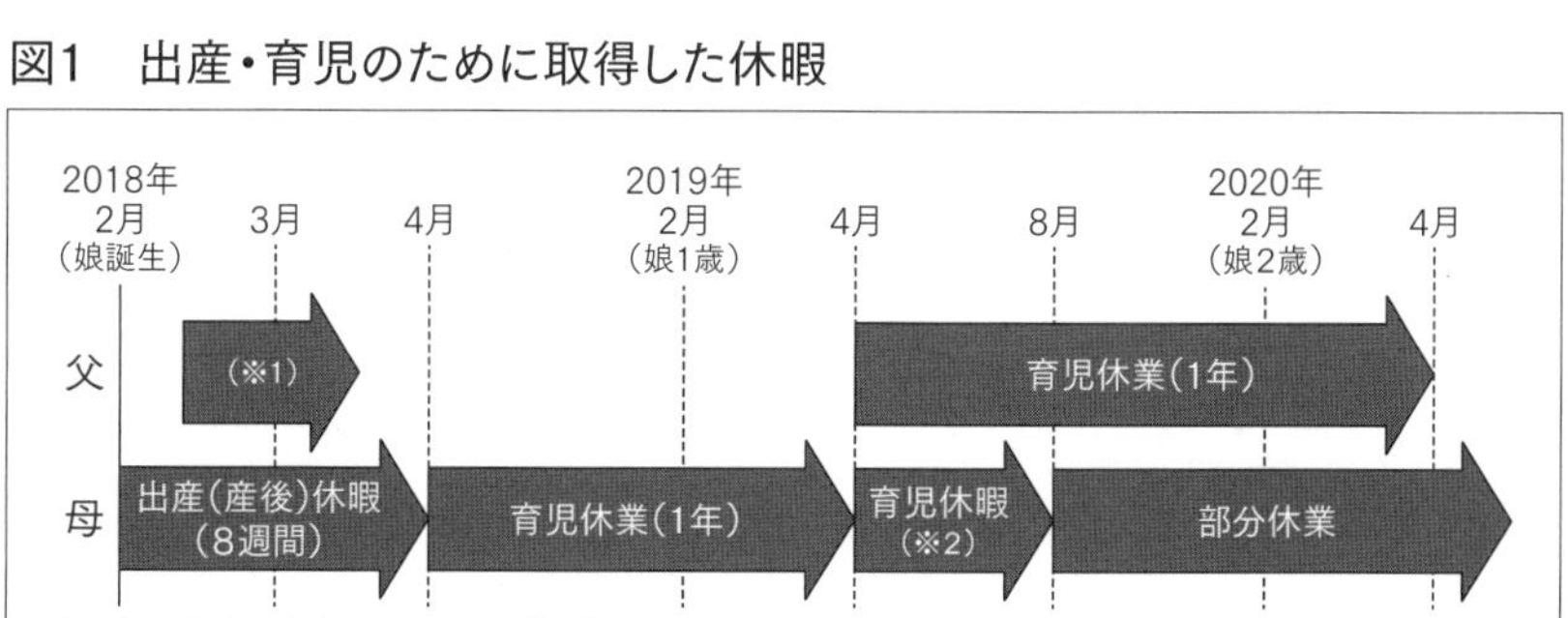

（※1）配偶者の出産のための休暇（3日）、育児参加休暇（5日）を取得。時間単位でもとれる。
（※2）1歳6カ月までの子を育てる職員のための育児休暇（1日120分まで）。

こちらが汗だらけ、もう一回シャワーを浴びるといったはめになりました。

一日のリズムをつくることが基本

育休中の一日の過ごし方は図2のようなものですが、このようにスムーズに進むことはめったになく、寝てくれなかったり、起きてくれなかったり、なかなか思いどおりにはなりません。昼寝してくれないと夕方頃に眠くなり、やたら機嫌が悪くぐずることも。そのため毎日お出かけするなど、一日のリズムを崩さないように気をつけました。でも、一日があっという間に過ぎていったというのが実感です。

子育て支援センターや保育園の地域交流をフル活用

地域の広報誌には、いろいろな子ども向けのイベントが載っています。それらの利用も心がけました。

なかでもよく通ったのは、子育て支援センターです。自転車で20分ぐらいのところにあるのですが、ビルのワンフロアにマットが敷かれていて、オモチャがたくさん置いてあり、子どもが自由に遊べるようになっています。保育士さんが常駐していて、保健師や栄養士さんもときどき来るので、「今日は便秘気味なんですが」と相談すると、便秘の解消メニューを教えてくれるなど、とても助かりました。支援センターの掲示板にはたくさんの子育て情報が提供されていて、保育士さんからは、保育園の情報もいろいろ教えてもらいました。

しばらくして、子どもが同じぐらいの子と遊びたがっているのがわかってきました。そこで、地域の公立保育園の「地域交流」に参加することにしました。月に何度か、保育園に通っていない子どもを受け入れて一緒に活動するもので、内容は「小麦粉粘土であそぼう」とか人形劇などさまざまです。「体験保育」というのもあって、保育園のクラスに入って園児と一緒に遊ぶなど、同年代の子ども同士の交流も楽しめました。同じ歳でも、保育園の子どもはずいぶんたくましく見えて、自分にも子どもにも良い刺激になりました。

残念ながら今年3月以降は、新型コロナの影響でどの施設にも行けないという状況です。

家計簿や掃除のチェックリストも作成

育休をとってよかったことは、育児以外では、料理がうまくなったことと、家事を見直すことができたことでしょうか。家計簿もつくったし、掃除のチェックリストも。保険も見直そうかと検討中です。

もともと炊事・洗濯はやってきたほうだと思いますが、「人のための家事」だと、大変さが増

図2　一日の過ごし方

4:00	起床(子どもが寝ている時間) だらだらする。その日の料理の下ごしらえ。掃除。シャワー。ランニング。市民農園の草むしりなど
7:00	朝食準備。子どもを起こして、着替え。朝食。歯磨き
8:00	子ども番組を見る。その間、朝食の後片付け。掃除 おもちゃやクレヨンで一緒に遊ぶ
9:00	おやつ(牛乳)。お出かけ
11:30	帰宅。昼食準備。昼食。歯磨き。着替え
12:30	読み聞かせ。寝かしつけ
13:30	(子どもが寝ている時間)だらだらする。読書。ストレッチ。洗濯物取り入れ。夕食準備。家計簿、レポート作成など
15:30	子どもを起こして、着替え。おやつ(軽食)。一緒に遊ぶ
16:30	お出かけ
18:00	帰宅。夕食準備。夕食
19:00	お風呂準備。入浴。洗濯。歯磨き
20:30	読み聞かせ。寝かしつけ
21:00	就寝

しました。たとえば、朝食にしても、自分だけなら、「昨晩飲みすぎたので、そのへんにあるものでいいか」とすませていたのですが、子どもがいると、朝からきちんと一汁三菜をつくらねばならず、妻にも何かしら用意しなくてはなりません。これまでは「自分のための家事」をしてきた身にとっては、なかなか慣れないものでした。

食事づくりで惣菜やレトルトに頼ってしまう自分を戒めるために、家計簿をつくることにしました。育児休業の給付金は子が1歳になるまでなので、僕が育休に入った期間は、妻の収入のみでやっていかねばなりません。子どもが生まれたこともあり、今後の貯蓄もしっかり把握したいと思ったのも動機の一つです。

いざつくってみると、いかに無計画にお金を使っていたかがよくわかりました。1人分の収入だけでは赤字の月もあり、これは主夫として財布のひもを引き締めねばならぬと思いました。

■家事・育児はもっと外から仕事として評価されるべき

今まで外に向いていた意識が家の中の仕事に向かうことによって、自分なりに生活の礎となるものをつくることができたかなと思います。掃除チェックリストにしても家計簿にしても、自分でつくって実行していくのはすごくやりがいがあって面白いし、こんなにもたくさん家の中の仕事があるんだという発見にもつながりました。

ただ、改めて気づいたのは、これほど工夫して努力している仕事内容が、外からは見えないということ。つまり、家事や育児の仕事を評価してくれるのは、僕には妻しかいないという現実です。たとえば、外で仕事をしたら、まわりの職員と喜びや苦労を共有し合える。ところが、家事・育児に対してはどれだけ頑張っても、あるのは妻からの声かけと子どもの笑顔だけ……。

もっと、家事・育児についても、外からの評価があってもいいのではないか。それには、「見える化」する必要があると考え、今、主夫体験の記録を作成しているところです。

■「保活はバクチみたいなもの」というのが実感

保育園の入園については、待機児童が100人もという状態で、ほんとに苦労しました。ぎりぎりになって、近所に保育園が新設されたので、そこに入ることができ、ホッとしました。

藤沢市には、「保育コンシェルジュ」が置かれていて、保育園に関する相談にのってくれます。最初は、子育て支援センターでの「出張相談」で面談しました。出張相談は30分だけなので時間が足りず、2回目は市役所で面談。3回目は夫婦そろって市役所に行き、しっかり話を聞くことができました。市役所には保育室があって相談中は無料で託児してもらえ助かりました。

相談内容は、保育園入所の申請時期、入所選考基準、入所するにあたっての「点数」など。「点数」については、ややこしくて、「基準点」に「待機ポイント」「きょうだいポイント」「ひとり親ポイント」や「小規模ポイント」などの加点があって、その合計点数の高い人から入れるという仕組みです。

保育コンシェルジュからは、わが家のポイントでは「認可保育園に入るのは難しいので、認可外保育園も探したほうがよい」と言われました。これは、2019年5月の段階での話です。フルタイムの共働き家庭でも、認可保育園には入れないのかと衝撃でした。そこで、認可外保育園も視野に入れて、認可・認可外それぞれ数園下見に行くなど、2020年4月入園に向けて保活をしました。

たまたま、近所に公立保育園が新設されるとの情報を得て、そこを第一希望にしました。新設保育園は、下のクラスから上がってくる子がいないので、うちの子のように2歳からなど途中から受け入れる人数が多いのです。どの時期に、どの保育園に申請するか、どうやってポイントを獲得するかなど、ずいぶん悩んだし、苦労しました。うちも近所に新設園ができなかったらどうなっていたかわからない。「保活はバクチみたいだ」というのが率直な感想です。

■面倒だった扶養替えの手続き

育児休業を妻からバトンタッチした際、面倒だったのは、扶養替えの手続きです。それまで扶養者だった僕が、今度は妻の扶養に入ることになります。児童手当も市役所の子育て給付課に行き変更。次に職場に行き、扶養の変更書類を書きました。僕が職場復帰するこの4月からは、再び扶養替えの手続きをしないといけない。最初の変更のときは、慣れない育児に追われる中で手続きをせねばならず、しんどかったです。

さらに面倒だったのは住居手当。育児休業に入るまでは僕がもらっていたのですが、2019年4月分の給与明細（0円）をみると、「住居手当がない！」。急いで妻が不動産屋に電話して、契約者の名義変更手続きを行いました。気づくのが遅く、手続きにも時間がかかったため、住居手当が妻に支給されることになったのは、6月からでした。

このような扶養替えに伴う手続きの面倒は、育児休業を夫婦が交代してとることが当たり前になれば、もっと簡素化されるのでしょうか。

■復帰にあたって、今は仕事のことで頭がいっぱい

4月に僕が復帰したあとは、妻が数カ月前からとっていた「部分休業」を引き続きとることになっています。これは、就学前の子どもをもつ親が、一日2時間以内休みをとれる制度です。ただし、これは無給なので、給料から差し引かれることになります。申し訳ないですが、4月からの家事・育児のウエートは妻にかかることになります。

子どもが急に熱を出したときは、僕の職場のほうが保育園に近いので、お迎えに行くことになるかなと思っています。また、藤沢市には、ファミリー・サポート・センター事業という、ベビーシッター制度があるので、そういう制度も活用しながらやっていきたいと思っています。

むしろ、今は仕事のことで頭がいっぱいです。育休をとる前の2年間は、組合執行部の仕事をしていたので、担任をしてい

図3　活用した子育て支援制度

子育て支援センター	親子の交流ができる「ひろば」で自由に遊んだり、子育てに関する情報の提供のほか、子育てアドバイザー・栄養士・助産師等による相談にものってもらえる。
保育コンシェルジュ	就学前の子どもの預け先に関する相談をできる。
地域子どもの家・児童館	就学前の子どもや放課後の小学生が遊びに来る。おもちゃや本、ゲームやアスレチックなどもあり、室内で体をたくさん動かせる。ときどき近くの保育園から保育士が来ることも。
ファミリー・サポート・センター事業	ベビーシッターを希望する人（おねがい会員）とベビーシッターをできる人（まかせて会員）を市が結びつけてくれる事業。対象年齢は、0歳児から小学校6年生まで。1時間700円
保育園一時預かり	緊急の用事ができたときや、リフレッシュしたいときなど一時的に保育園に預けることができる。最長1日8時間。4時間以内1,200円、4時間超2,400円

ないんです。4月からは担任を持ちますが、合計3年間のブランクがあるので、やはり、ドキドキしますね。

■男女ともに生きやすい社会にするためにも男性も育休を

1年間育児休業をとってみて、育児って大変なんだとつくづく思いました。今後の自分の人生においてこの体験は大きなプラスになるでしょう。実際に育児をしてみなければ、育休をとっている妻は時間もあってラクしているのだろうというような認識を持っていたかもしれない……。そういう意味で、男性が育休をとることは、男女共同参画をすすめるうえでも大きな意義があると思います。

しかしながら、さまざまな要因で男性は育休がとりにくいのだと思います。よく言われるように、育児休業給付率が低いので、家計維持のため給与の低い女性が育休をとる、という面はあるかもしれません。確かに、男女の賃金格差が問題です。しかし、夫婦ともに教員の場合は男女で収入の差がないので育児休業給付率が問題になるとは思えないのですが……。

制度を改善し、育児休業給付率を上げるのも大事だけれど、やはり男女平等にかかわる認識、ジェンダーの問題なのかなと思います。僕は、大学時代、ジェンダー学を専攻していたんです。性別役割分業が政治や職場、家庭においても定着していることが、男性にとっても女性にとっても生きにくい社会をつくり出しているということを、いろいろな場で見聞きしてきました。女性のほうが多い職場にもかかわらず、小学校の現場でも管理職は男性が多いですし。

男女ともに生きやすい社会にするには、女性の役割とされてきた家事・育児を男性が経験してみることが第一歩なのではないでしょうか。

ぜひ、お父さんは（これからお父さんになる人は）、お母さんのサポートじゃなくて、主たる保育者になってほしい。そうすると、見える風景が違ってくると思います。

同じ時期に、同期の小学校教員で育休をとっている男性がいて、その人とは3回ぐらい子連れで一緒に公園に行ったりしました。育休をとる男性が増えれば、いろんな悩みも話し合えるし、さらに育休をとりやすくなっていくでしょう。

■行政は率先して「育児は夫婦で」のスタンスで支援策を

先にお話ししたように、今、自治体では、子育て支援のプログラムがたくさん用意されており、僕もずいぶん活用したのですが、気になったことがあります。たとえば、イベントの呼びかけ文に「ママたち集まれ！」とか、「ママのリフレッシュのための○○」などと書かれているのが結構あるんです。「育児をするのは母親」というのが前提になっている。これでは、育児をしている父親は排除された気持ちになります。

実際、子育て支援センターやさまざまなイベントでも、参加している成人男性は僕一人ということもありました。子育てする父親はまだ少数かもしれませんが、だからこそ、行政が率先して「子育ては夫婦で分かち合うもの」というスタンスで支援策を打ち出してほしいです。

最後に、僕が育休をとりたいと言ったとき、「とったほうがいいと思うよー」と言ってくれた妻には、ほんとに感謝しています。

（取材・文／杉村和美）

プロフィール

永井康介（ながい・こうすけ）
2008年度より藤沢市公立小学校教諭。2019年4月から2020年3月まで育児休業。せっかくのゴールデンウィーク10連休の恩恵を職場で受けられず悔しい思いをした。現在はわが子に好かれようと妻にナイショでお菓子を与える日々。

派遣社員の育児休業

育児休業をとれない、とれたとしても元の職場に戻れない

育児・介護休業法は改正を重ね、法制度は整備されてきたが、今も有期雇用労働者、とりわけ派遣社員が育児休業を取得するには大きな壁がある。派遣社員の育休取得状況について、派遣ユニオン書記長の関根秀一郎さんにうかがった。

お話をうかがった方
派遣ユニオン書記長
関根 秀一郎さん

■14年前と変わらない

子どもを育てながら働く権利は、男／女、正規雇用／非正規雇用にかかわらず平等に保障されるべきものです。しかし、「派遣社員が育児休業をとるのはとても難しい。それは今も、14年前と変わりません」と、関根秀一郎さんは言います。

「14年前」とは、『女も男も』１０８号（06年12月発行）で関根さんに派遣社員の仕事と育児の両立について取材したときのことを指します。その取材の１年前、２００５年４月に改正育児・介護休業法（以下、育介法）が施行され、有期雇用労働者も育児休業の対象になりました。しかし、①1年以上同じ会社で働いていること、②子どもが1歳に達する日を超えて雇用が継続することが見込まれること、の要件が課されていたのです。そのため「この要件を満たす人はほとんどいない。派遣社員は3カ月契約等で更新されているケースが多く、妊娠がわかってから、子どもが1歳になるまで約1年半の間に少なくとも6回以上の契約更新がある。休業期間を含む契約がすんなりされるのは難しい」というのが、そのときの関根さんのお話でした。

２００５年以前から派遣ユニオンは、派遣社員など有期雇用労働者の育児休業取得への取り組みをすすめてきました。その根拠となるのが、厚生労働省が出した「指針」（「形式的に期間を定めていても、実質的に期間の定めのない雇用契約と判断されるような場合は、育児休業の対象とする」というもの）です。14年前と変わらぬ現在も、同ユニオンは「指針」を根拠に、育児休業取得の交渉をしています。

■妊娠を告げると雇止めにあうケースが後を絶たない

妊娠・出産・育児にかかわる法律の改正はその後も続き、２００７年には、均等法の「指針」で、「妊娠・出産・育児休業等を理由とする不利益取り扱い」が禁止されました（図1）。２０１７年には、育介法が改正され、取得要件②が「子が1歳6カ月（＊）に達する日までに、労働契約が満了することが明らかでないこと」と、若干緩和されるとともに、妊娠・出産・育児休業等に関するハラスメント防止措置を事業主に義務づけました。ハラスメント防止の措置義務の内容は、２０２０年６月からさらに強化されています。

２０１４年頃からは、マタニティハラスメントを略した「マタハラ」という言葉も、社会的に広がってきています。それにもかかわらず、「妊娠を告げると雇止めにあうという事例は後を絶たない」と、関根さんは憤り

ます。
以下の事例は、いずれも派遣ユニオンで取り組んだ事例です。

（*）原則は「子が1歳になるまで」だが、保育所に入れない場合など1歳6カ月まで延長できることになったため。その後、2歳まで延長できることになった。

図1　妊娠・出産・育児等を理由とする不利益取り扱いの例

たとえばこんなことを理由として

- 妊娠した、出産した
- 妊婦検診のため、仕事を休んだ
- つわりや切迫流産で仕事を休んだ
- 産前・産後休業をとった
- 育児休業をとった　など

↓

こんな取り扱いを受けたら法違反です

- 解雇された
- 契約が更新されなかった
- 減給や不利益な賞与の算定
- 人事考課における不利益な評価
- 不利益な自宅待機を命じられた
- 不利益な配置転換をされた
- 仕事をさせない、雑用ばかりやらせるなど就業環境が悪化するようなことをされた
- 妊娠した派遣社員が契約どおりの仕事ができるにもかかわらず、派遣先が派遣会社に対し、別の派遣社員との交代を求めたり、その派遣社員の派遣を拒んだりすること　など

【事例1】雇止めに対しユニオンに加入して交渉。産休・育休を取得

A社に派遣されて働いていた山野恵子さん（仮名）は、派遣会社の担当者から「3カ月更新だけど、基本的に自動更新です」と伝えられていました（44頁囲み参照）。２０１７年10月から働き始めた山野さんが、２０１８年4月頃、メールで派遣会社の担当者に「子どもを考えている」と伝えたところ、「もちろん今後、出産ということもあると思います。協力しますので安心してください！」との返事が返ってきました。

6月になって妊娠がわかり、山野さんは派遣会社担当者に妊娠を伝えました。その後、6月末から8月にかけて、つわりで何日か欠勤。8月27日、派遣会社の担当者から「A社から10月からの契約更新はナシと通知が来ました」という連絡があり契約終了とされてしまったのです。

これはおかしい！と思った山野さんは派遣ユニオンに加入し、産休・育休をとりたいという交渉を開始。結局、これが認められ、協定書では10月1日から派遣会社での事務業務に従事するということになりました。２０１９年1月9日からは産休に入り、その後引き続き育休を取得しました。

【事例2】妊娠で正社員内定取り消し、マタハラも。抗議後、金銭和解に

野本智代さん（仮名）が働いていた物流会社B社は、ハローワークを通じて正社員募集の求人を出していました。これに応募した野本さんは2回の面接を受け、２０１７年3月、「採用予定。あとは役員の決裁待ち」との連絡を受けました。ところが数日後、B社は「派遣社員として採用する」と連絡してきたのです。B社は関連会社に派遣会社を擁しており、そちらで採用し、B社に派遣するという話でした。野本さんは納得できませんでしたが、「1年後にはB社が正社員として採用する」との説明を受け、それならばと5月から派遣社員として働くことにしました。

野本さんの上司は、「正社員前提なので、正社員と同じ仕事を

してもらいます」と告げ、野本さんもそのつもりで仕事をしていました。

ところが、2018年2月、野本さんが妊娠をB社に伝えたところ、3月9日、派遣会社から「4月で契約終了となります」と告げられました。正社員として採用どころか、雇止めされてしまったのです。

さっそく野本さんは派遣ユニオンに加入し、妊娠を理由とする内定取り消しの撤回、マタハラを行ったことに対しての謝罪を求めて交渉を開始しました。しかし、会社は事実関係を認めません。交渉は決裂、ユニオンが抗議行動を行ったところ、会社から解決したいとの連絡が。野本さんはこの会社に嫌気がさしていたので、金銭和解をすることにしました。

■産休明けに戻る職場がない

【事例1】の山野さんは、結果として産休・育休を取得できたのですが、大きな課題が残りました。それは、産休・育休明けに戻れる派遣先がなかなか見つからなかったということです。これは、有期雇用労働者の中でも、とくに派遣社員が被る特有の問題といえます。まして、元の職場に戻ることはさらにハードルが高いのです。

「これまで、交渉によってたくさんの派遣社員が産休・育休をとってきましたが、元の職場（派遣先）に戻れたケースはありません。『元の職場に戻すこと』という協約を取ったケースでも、結局は戻れませんでした」と、関根さん。

派遣会社の人が言うには、「育休明けで戻る人は、当然のことながら残業ができません。どの派遣先企業も、残業ができなかったり子どもが急に熱を出して休んだりする可能性の高い人を受け入れたくないと考えるのでしょう。だから、育休明けの派遣スタッフに新しい派遣先を見つけるのは、非常に難しい」。また、派遣会社にとって派遣先は「お客さま」。だから派遣先に対して強くものが言えないという事情もあるのです。

■法律・制度の枠外に置かれている派遣社員の現状

「保育園に入所したら、最初の1週間くらいは慣らし保育がありますね。同様に、おとなだって『慣らし労働』が必要だと思います。育休が明けたとたん、新しい派遣先を紹介され新たな仕事に就くというのは、とても負担が大きいものです。その意味では、元の慣れた仕事に戻りたいと思うのは当然ですよ」と、関根さんは訴えます。

育介法には、育児休業のほかにも「育児時間」や「短時間勤務制度」などがとれると書かれていますが、派遣社員にとって、これらの制度を利用するのもきわめて難しい現状です。つまり、派遣社員は法律・制度の枠外に置かれているということ。このような状況をどうすれば埋められるのでしょうか。

■派遣先企業も育児休業取得の責任を負うべき

労働者派遣の際には、2つの契約が取り交わされます。派遣先企業と派遣会社（派遣元）との間の労働者派遣契約と、派遣会社と派遣社員との間の派遣労

図2　労働派遣はトライアングルの関係

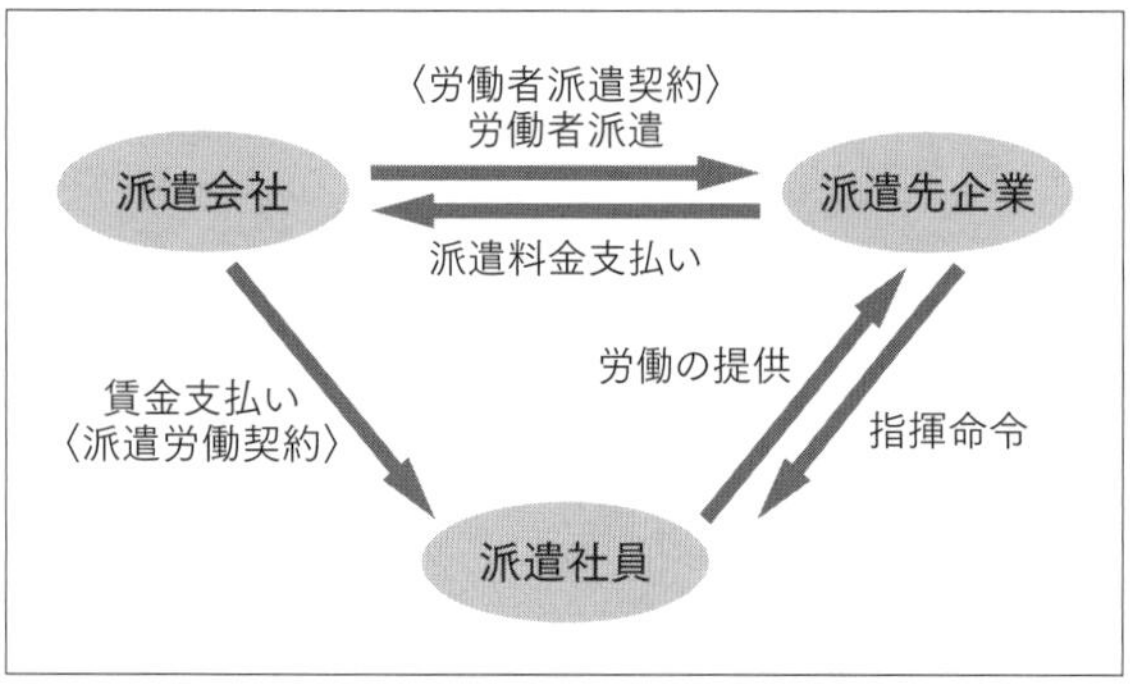

働契約です。派遣先と派遣会社、派遣社員の3者がトライアングルの関係になっているのです（図2）。そのため、派遣社員の労働条件についての使用者責任は、派遣先と派遣会社がそれぞれ分担することになっています。

たとえば妊娠・出産にかかわる規定では、労働基準法の「産前産後の休業」は派遣会社が、「労働時間の制限（妊産婦が請求したときは時間外労働などをさせてはならないというもの）」は派遣先が負うといった具合です。２０１７年には均等法や育介法の中の5点（図３）が派遣先の責任に追加されました。しかし、肝心の育児休業取得については派遣会社の責任となっており、派遣先が責任をとることにはなっていません。つまり、派遣社員が育休をとった場合、育休終了時に元の派遣先が責任をもって復帰させる義務は、法律上は「ない」のが現状です。

「育児休業の取得に関しては、派遣会社と派遣先が共同責任をもつ、という法律に変えること。派遣社員の仕事と育児の両立にむけての大きな課題です」と、関根さんは言葉を強めます。

２０１８年労働力調査では、派遣労働で働く人は約１３６万人。育介法だけでなく労働者派遣法も２０１２年、２０１５年に改正され、法律上は保護が強化されてきてはいます。しかし現実には、派遣社員は不安定な状況に置かれたままです。

この取材を行った２０２０年3月末、派遣ユニオンには、新型コロナウイルス感染拡大の影響で派遣切りにあったり休業補償がなかったりという派遣労働者からの相談の電話が鳴りやみませんでした。

（取材・文／杉村和美）

図3　派遣先が使用者責任を負うことになっている事項

❶ 妊娠・出産等を理由とする不利益取り扱いの禁止

❷ 育児休業等の申し出・取得等を理由とする不利益取り扱いの禁止

❸ セクシュアルハラスメント対策

❹ 妊娠・出産・育児休業等に関するハラスメント対策

❺ 妊娠中および出産後の健康管理に関する措置

プロフィール

関根秀一郎
（せきね・しゅういちろう）
派遣ユニオン書記長、派遣労働ネットワーク事務局次長。

妊娠したら雇止めって、おかしい！　マタハラじゃない!?

山野　恵子さん（仮名、32歳）

■つわりの最中に雇止めの連絡

夫と娘との3人暮らしで、娘は1歳1カ月になりました。

18年8月末、派遣会社から「10月からの契約はない」と告げられたときは驚きました。そのときはつわりがひどい最中で、気持ちも弱気になっており、しかたないかと思いました。しかし、日を置いてよく考えたら、これはおかしい、マタハラじゃないか!?　と。

そこで、ネットでいろいろ調べて、労働局の雇用均等室に相談に行きました。話を聞いてもらったのですが、「会社の過失はないので、会社への注意（助言）はできない」と言われてしまいました。「妊娠したことが理由で雇止めする」と会社が言ったのであれば注意ができるのだけれど、そうではなく、妊娠がわかった後、たまたま契約が切れる節目が来ただけというのでは、注意はできないと。そう言われたことがとても悔しくて……。で、派遣ユニオンに相談したという経緯です。

とはいえ、初めての妊娠で、自分の体調を維持しながら日々を過ごすことで精一杯。そういう時期に、プラスアルファで何かすることは大変です。でも、そこであきらめなかったのは「おかしい」という思いが大きかったからです。ここで自分が頑張らないと社会は変わらないし、自分が頑張った結果がゆくゆくは子どもにも還《かえ》っていく、お腹の子どものためにも頑張ろうと思って。夫が協力的で、法律のことなどいろいろ調べてくれたのも助かりました。

■保育園入所と就労再開、綱渡りのような日々

交渉の結果、派遣会社と協定書を交わし、19年1月9日から産休、2月19日に出産、8週間の産後休暇のあと、育休を9月8日までとりました。

ほんとうは、1年間育休をとって今年の4月から保育所に入れたかったんです。市役所に相談したら、育休明けの1歳児の倍率は一番高いと言われて、0歳から預けることにしました。しかし、すでに5歳まで預かってくれる認可保育園の空きはなく、3歳までの小規模保育園を探し、なんとか滑り込みました。

保育園の入所後2カ月のうちに就労再開しないと退所させられるので、派遣会社にその旨を話して、派遣先を探してもらいました。しかし、何度連絡しても、妊娠前と同じような条件で働けるところが見つからないという返事。保育園の退所だけはしたくなかったので、自分でも仕事を探しました。すると、ちょうど良い条件のパートの仕事が見つかり、面接を受けたら採用されたので、派遣会社は退職することになりました。この間、ほんとに綱渡りのようでした。

新しい職場では最初、仕事を覚えるのと慣れない育児で、ヘロヘロでした。

■妊娠・出産・育児をする人を守るのは会社の務め

今回のことで思ったのは、会社側の産休・育休についての理解がなさすぎるということです。パートであれ派遣社員であれ、妊娠・出産・育児をする人を守るのが会社の仕事だということを知ってほしいと思いました。とくに総務の人には、制度や法律を学んでほしい。たとえば、育児休業給付金の手続きは、自分で調べて申請したのですが、会社が制度について理解していれば、案内などをくれただろうと思うんです。

もう一つは、今の職場では、子どもが熱を出して急にお休みしますと言っても、いやな顔もされず休ませてもらっていますが、それが当たり前の社会になればいいなということ。そのためにも、自分の体とメンタルを大事にしながら、自分のできる範囲で、声をあげていくことが大事なのかなと思いました。

（まとめ／杉村和美）

女性が仕事と子育ての二者択一を迫られない社会

——フランスが実現した高い出生率と高い就労率の仕組み

法政大学講師　水野　圭子

はじめに

10年ほど前、ある労働組合で講演をした後、出席者から「昔は、結婚、出産、保育園が女性が働く上での3つの壁でしたが、今は、結婚、出産、保育園、小1の壁の学童に加え介護を入れて5つの壁があります」とお聞きしました。このような現状は今も変わっていません。なぜ変化しないのでしょうか。

確かに、大企業に存在した「結婚退職制」や「女子30歳定年制」は、結婚退職制を無効とする判決や、均等法の成立によってなくなりました。しかし、妊娠・出産をきっかけに行われた降格が問題となったマタニティ・ハラスメント事件について、降格は無効との最高裁判決が出たのは２０１４（平成26）年です。待機児童問題も長年にわたり解消されず、介護施設の不足も現在の課題です。結婚以外は、依然として、女性に仕事か子育て・介護かの二者択一を迫る壁となっています。

二者択一を迫る労働時間制度

日本で女性が仕事と子育てを両立し得ない原因として、さらに長時間労働があります。配偶者も労働時間が長く育児分担を期待できず、母親も労働時間が長く、ワンオペ育児の末に、仕事をあきらめるという状況もあります。男性を含めた労働時間短縮が不可欠なのです。

①労働時間規制の問題

なぜ、日本が長時間労働なのかというと、日本人が農耕民族で勤勉だからではなく（フランスは、穀物自給率１００％を超える農業国）、労働時間規制が緩和されているからです。

労働基準法36条には36協定を締結し、法定労働時間を協定の範囲内で延長しても処罰されない免罰規定という性質があります。延長時間に対し、指導目安基準はありましたが、基準を超過した36協定を無効にはできませんでした。上限規制がないので、月の時間外労働を２００時間と定める36協定も実際に存在しました。一度、36協定が締結されると、恒常的な時間外労働が行われ、過労死や過労自殺に至る場合も多々あります。なぜなら、日本には、年間の総労働時間規制、1月、1日の絶対的な労働時間規制がなかったからです。

この点について、２０１８（平成30）年に、労基法36条が改正され、①対象労働者の範囲、②

対象期間、③労働時間・休日の延長事由、④延長させる時間・休日日数、⑤この他、厚生労働省令で必要な事項として定められた事項を36協定において定めるとされ、施行規則に置かれていた規定を労基法に組み込みました。さらに、36協定違反には罰則付きの上限が設けられました（2019年4月施行、中小企業へも2020年4月から適用）。時間外労働の上限は、月45時間、年間360時間と制限が規定されました（改正36条4項）。しかし、予見できない業務量の大幅増加などにより、臨時に上限時間を超えて労働させる必要が生じた場合、月45時間の上限を超えて働かせることができ、連続2カ月の平均時間外労働時間が80時間まで延長できるのです。確かに、延長は最大でも年間6カ月、1月あたり100時間上限であり、年間720時間以内です。しかし、厚生労働省は過労死認定の基準として、脳・心臓疾患の発症前2カ月〜6カ月の間に、月80時間を超える場合、1月100時間の時間外労働を超える場合、発症の関連性が強いとします。新しい時間外労働規制は過労死認定基準と同一なのです。日本の働き方改革は、労働時間改革となるのでしょうか。

②二者択一を迫らないフランスの労働時間制度

1998年フランスで行われた大きな社会変革は、労働時間の短縮です。法定労働時間は、現在、週35時間です。これにより週の余暇が5時間増加し、残業が8時間を超えた場合、1日の休日に振り替えることも可能です。週の労働時間の絶対的上限は48時間、12週平均で44時間を超えてはならないとされています。1日の法定労働時間は8時間で、時間外労働をした場合であっても上限は1日10時間であり、日本の労働時間規制と違い超過できません。さらに、年間総労働時間の上限は1607時間です。

「週35時間制調査結果」では、男性の32％、女性の38％が、時短後、家庭生活と職業生活の両立が容易になったと回答し、男性の家事・育児に費やされる時間が増加し（図1）、男女とも子どもと過ごす時間が増加したと回答しています（図2）。

2008年には、時間外労働

図1　労働時間短縮によって行うようになった男女の家事時間の変化

単位：%

	ブリコラージュ（大工仕事・家の修繕等）	庭仕事	洗濯	アイロンかけ	食事の支度	掃除	片付け・整理	買物
主に家事を行っている								
男性	73.7	50.6	2.2	1.8	11.2	4.0	5.1	23.8
女性	3.8	12.6	92.7	85.8	74.0	74.0	77.7	73.6
時短後行う時間が増えた（一部行う場合含む）								
男性	46.0	33.7	7.1	3.8	19.1	18.9	20.4	21.6
女性	17.5	31.2	6.7	9.4	16.6	15.3	29.3	13.5
全体	40.0	33.1	6.9	5.6	18.4	17.9	22.8	19.4

出所：RTT et Modes de Vie Mes-DARES より筆者作成

図2　時短以後、子どもと過ごす時間がどのように変化したか

単位：%

	男性	女性
ヴァカンスの期間子どもと過ごす日数が増加した	52.1	56.5
水曜日子どもと過ごす時間が増えた（学齢の子がいる場合）	48.1	43.2
水曜日以外の週日にも子どもと過ごす時間が増えた	58.3	58.2
土曜日子どもと過ごす時間が増えた	26.7	27.1
日曜日子どもと過ごす時間が増えた	24.9	24.0
週日の全日において子どもと過ごす時間が増えた	29.7	32.3

出所：RTT et Modes de Vie Mes-DARES より筆者作成

の延長や労働時間を労使協定によって定められるとする根本的な労働時間規制緩和が行われましたが、2015年の調査では、大幅な労働時間の増加は生じていません。フランス男性の49%、フランス女性の46・3%が35〜39時間労働に従事し、40時間労働に男性の41・6%、女性の22・8%が従事しています。

③勤務間インターバルの問題

EU加盟国では義務づけられている勤務間インターバル規制も、残念なことに日本では、「限度時間を超えて労働させる労働者の健康・福祉を確保」するための望ましい措置の一つでしかありません。勤務間インターバル規制とは、労働の終了と労働の開始の間に一定の時間を置き、ワークライフバランスを確立するものです。EU指令に基づいて、加盟国であるフランスやドイツでは、11時間インターバルをとります。例えば、24時に終業した場合、翌日の午前11時からしか就労できません。これにより、十分な休息を確保する趣旨です。しかし、日本では、一部の企業に協約等で規定されるにとどまっています。

④週休日と年次有給休暇が不十分な日本

また、週の休日においても、フランスやEU諸国では毎週日曜の休日が原則ですが、日本は、4週4日の休日という例外措置を認めています。つまり、連続24日働かせることが法律上も可能なのです。

日本は、年次有給休暇については、フルタイムで働いた場合、勤続6年6カ月以上働くと20日付与されますが、有休消化率はここしばらく50%を下回っています。ILOは、人間らしい生活を送るために、最低21日の有給休暇、そのうち2週は連続した有給休暇が与えられなければならないとしています。フランスでは、1年目は無給の5週間(週休2日を含む)の休暇が取得でき、2年目からは5週間(週休2日を含む)の有給休暇が付与されます。そのうち通常4週は連続夏季に、1週は冬季に利用されています。年休消化率は、海外調査報告の行政報告の際、驚愕されましたが、100%です。その理由は、有給休暇が原則、計画年休だからです。

フランスでは、小中高校の夏休みの開始を、フランス全土を3つの地域区分に分け、年度ごとに開始日を異なるように設定します(フランス製の手帳の多くで、このヴァカンス開始日と区分地図が付録ページになっています)。企業では、学齢の子どもがいる従業員を開始日に合わせて有給休暇を取得させ、若年の従業員は旅行費用の安い期間にと調整をします。夏に、モノプリなどのスーパーが2週間ほど閉店することも、パン屋が1カ月閉店することもあります(ただし、その地域の徒歩圏に1軒はスーパーとパン屋が開店するよう調整されている)。もちろん、フランス人全員がホテルに長期滞在するのではなく、親戚・友人の家や貸し別荘で、あるいはキャンプといった休暇を楽しむのです。ヴァカンスに出かけられないことは、相対的貧困にあるとすら推定されます。実際に、パリ市はドラノエ市長在任中、ヴァカンスに出かけられない子どもを扶養する世帯に、ヴァカンス費用補助制度を創設したほどです。フランスは、休暇を確保するための労働法規が整備され、それが社会に根づいているのです。

育児休業制度の日仏比較

■日本における育児休業の状況と問題点

日本において、女性の育児休業取得率は80%と高いのですが、男性の育児休業取得率が向上したとはいえ、2017(平成29)

図3　男性の育児休業の取得状況

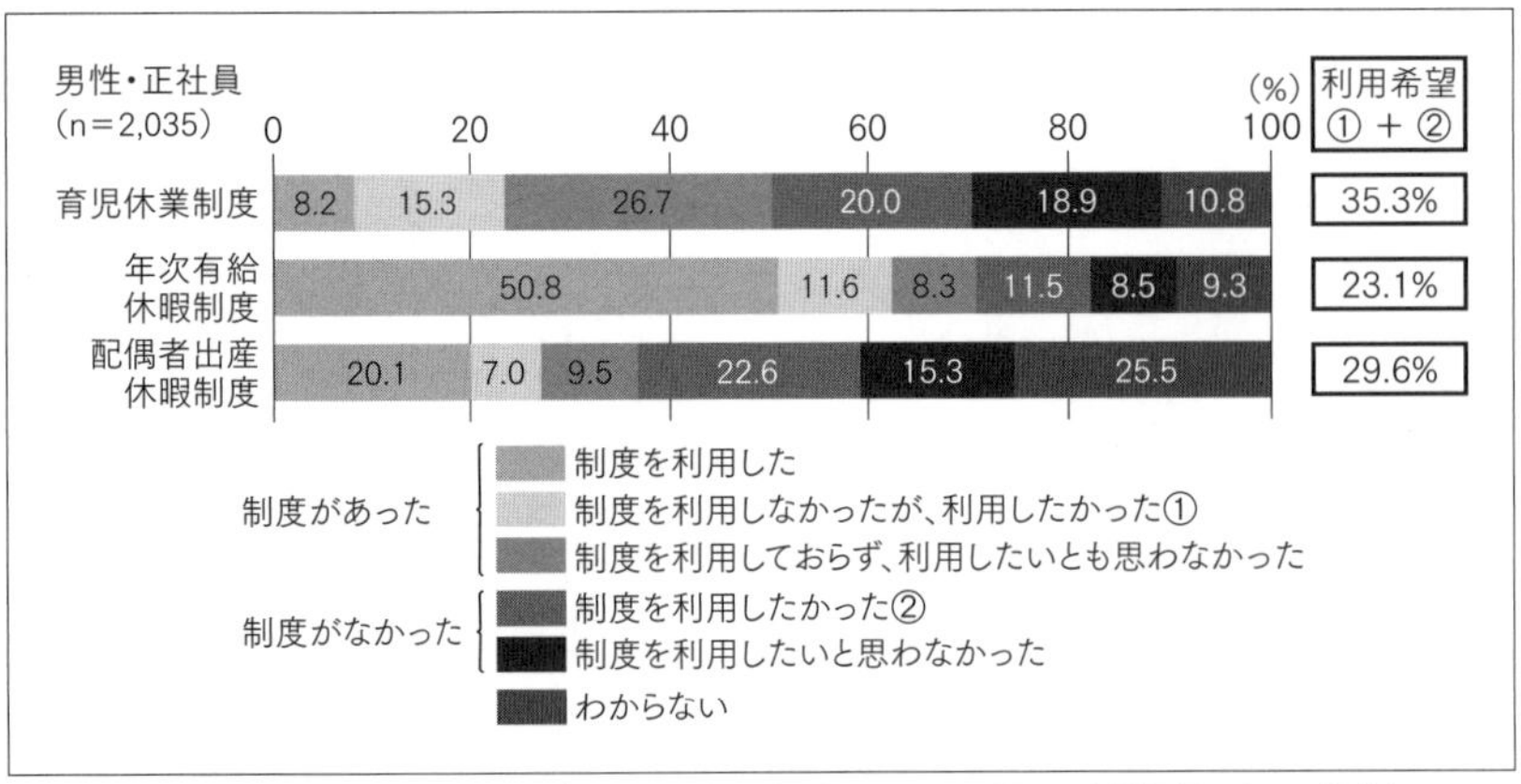

出典：三菱UFJリサーチ＆コンサルティング「平成29年度仕事と育児の両立に関する実態把握のための調査」
※「『男性の育児休業取得促進事業（イクメンプロジェクト）』の取組について　厚生労働省雇用環境・均等局職業生活両立課」『共同参画』平成30年6月号（男女共同参画局）より

図4　育児休業を利用しなかった理由（複数回答）

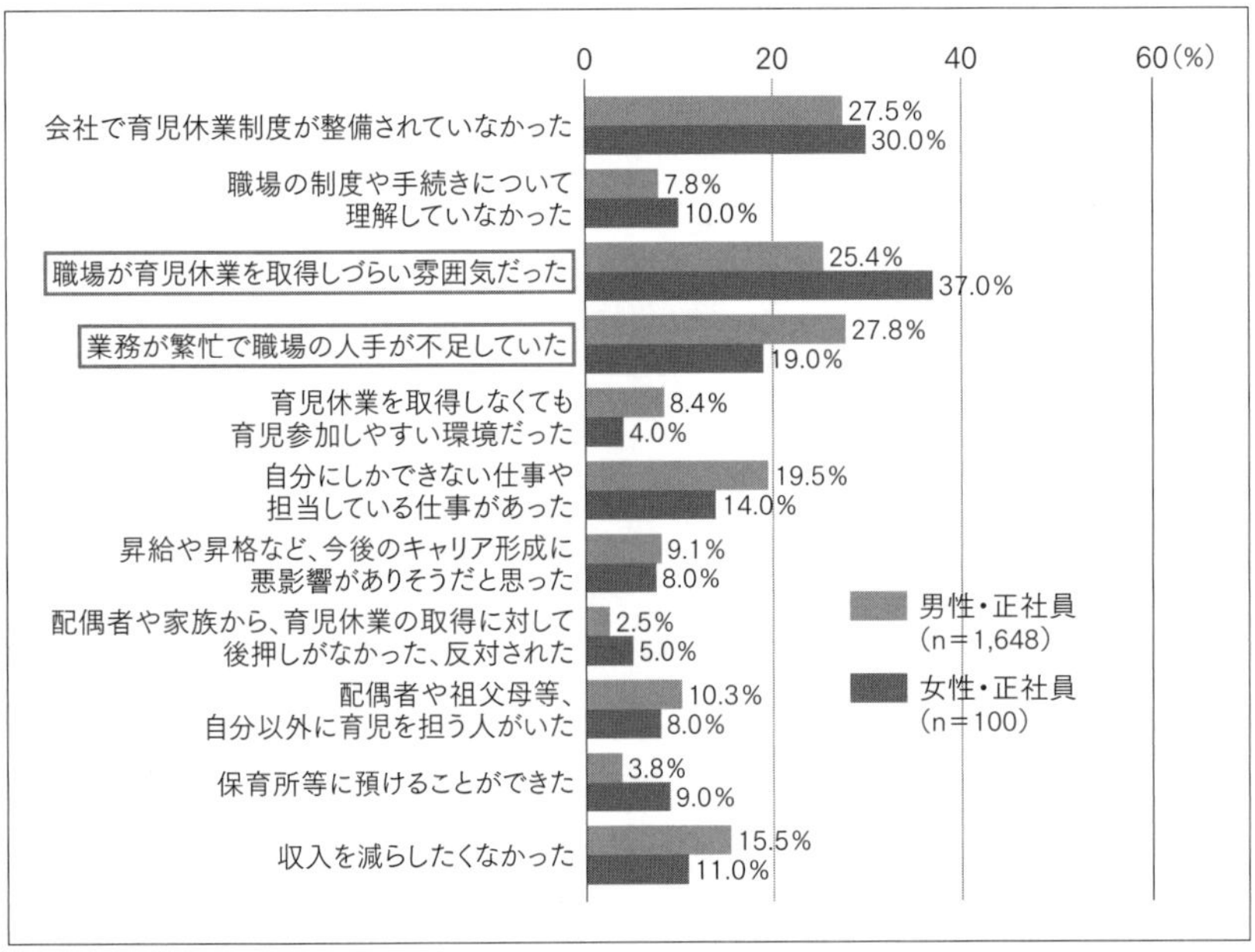

注）就業形態（「男性・正社員」「女性・正社員」）は、末子妊娠判明時のもの。
出典：三菱UFJリサーチ＆コンサルティング「平成29年度仕事と育児の両立に関する実態把握のための調査」
※「『男性の育児休業取得促進事業（イクメンプロジェクト）』の取組について　厚生労働省雇用環境・均等局職業生活両立課」『共同参画』平成30年6月号（男女共同参画局）より

年は5・14%、2018（平成30）年は6・16%と低いことが問題となっています。

日本の育児休業には、父親の産前産後の休暇も、取得促進する制度もありませんが、所得補償はあり、経済的損失は比較的抑えられます。しかし、復職する場合、職業訓練の義務づけがなく、原職または同職位に、同一賃金での復職が保障されない点が問題です。前述の、最高裁判決の桜井裁判官の補足意見では、育児休業法21条、22条は、復帰後の配置、労働条件をあらかじめ定め、雇用管理など、必要な措置を講ずべきとし、「育休後に原則として現職または原職相当職に復帰させる」ことが多いのだから、指針（平16年　告示460号）のように「ほかの労働者の配置」「雇用管理が行われる」べきとして、「趣旨目的を踏まえた措置」を求めると解釈しますが、法規定を欠くのです（＊1）。

実際に、制度を利用したいと希望する男性35・3%のうち、制度を利用した男性は8%にとどまります（図3）。

育休制度を利用しなかった理由として、制度がない、育児休業を取りづらい雰囲気という理由のほか、担当業務があった、昇進・昇給への影響、収入の減収といった、キャリア形成への影響が考慮されています。キャリアの中断は、少なからずキャリア形成に影響を与えます。さらに、原職復帰がかなわないとすれば、育児休業の取得は、大きなリスク要因となります。原職復帰を義務づけない点が日本の育児休業制度の致命的な欠点です（図４）。

■フランスの育児休業

①制度の概要と問題点

女性の就業率が向上し、家族政策が共働き家族モデルを標準とし、女性に二者択一を迫らない多様な選択のある政策に変更されていく動きの中で、フランスの育児休業である**親養育休暇**は１９７７年に制定されました。**親養育休暇**は当初、取得者は母親で、期間は、産前産後の休暇と合わせて、２年まで延長が可能でした。**親養育休暇**に所得補償はなく、女性の就労の継続を目的とし、使用者に、休暇から復帰する場合には休暇取得前と同様の仕事に同じ賃金で復職することを義務づけました。さらには、復職の時点で仕事における技術や手法の変化が生じた場合には、教育訓練を受けうると規定していました。

一方、父親に対しては、１９６１年に、３日間の所得補償がある**父親出産時休暇**ができました。母親が疾病や死亡により取得不能な場合に限り、父親が母親と同一条件で、所得補償のある**父親出産時休暇**に続き、**親養育休暇**を取得できました。創設当時の問題点は、男性の育児分担という視点がなく、短時間勤務による早期復職といった取得方法の多様性もなく、休暇中の所得補償もないことでした。

女性だけが取得する**親養育休暇**は子育てを女性の役割分業として固定化し、長期のブランクが、職業訓練はあろうとも復職に伴う困難を増加させます。このような問題を是正するため、１９８２年には、**親養育休暇**の取得期間を短縮し、労働時間を半減した復職が可能となり、時短による復職を理由とした解雇を禁止しました。１９８４年には労働時間を50％削減した復職と３年までの休暇延長が認められ、父親も例外なく同一条件で**親養育休暇**が取得可能となりました。さらに、１９９１年には最低週16時間から所定労働時間の80％の間で自由な選択が可能となりました。

２００１年、父親の**親養育休暇**取得促進を念頭に、所得補償のついた**父親産後時休暇**が加わりました。子どもが誕生した場合、普通出産11日、多胎18日の休暇を取得できます。取得後、復職する場合、原職あるいは賃金の等しい同様の職への復職が保障されています。

②所得補償の創設と問題点

１９８５年に、**親養育休暇給付**が創設され所得補償が開始し、１９８６年には、給付期間を３年まで延長可としました。１９９４年には、第３子からの給付を第２子からの給付に改正し、新たに第１子から保育学校（＊２）の入学まで、所得制限なく最低賃金の半額の給付制度を創りました。しかし、給付政策の拡充は、女性の就労という点ではマイナスでした。特に、収入が低い若年で専門性のない女性労働者が、復職しない傾向が顕著でした。保育費用、通勤費を考えると復職にメリットがないため、１９９４年から１９９７年にかけて、フランスの女性の就労率は15％近く減少したのです。

増大した社会保障給付の削減と女性就労率の向上を図るために、早期復職する場合には給付額を増額する改革が行われました。２００４年、従来の児童手当をまとめ、所得条件をつけ第１子（養子含む）から３歳までの子の養育給付を行う**乳児受け入れ基礎給付**を創り、その中に、労働時間を短縮し早期の復職を促進する目的から、給付期間が短いが、給付額が高い**就労選択自由補償給付**、給付額が低いが給付期間が長く、休暇期間も長く延長できる**就労選択自由補償**

オプション給付を組み込んだのです。

さらに2005年に**親養育休暇**を改正し、女性の就労率と出生率をともに向上させるために第3子の親が取得できる3年間の休暇を1年に短縮した場合、**親養育休暇給付**を4割強増額する改正も行われ、2006年7月に施行されました。

しかし、**就労選択自由補償給付**の問題点が2012年に指摘されました。**就労選択自由補償給付**を利用して、つまり、労働時間短縮を選択し早期に復帰した場合の補償給付額と、時短をせずにフルタイムで職場復帰し子どもの保育費用を差し引いた額を比較すると、時短で復帰を選択したほうが可処分所得が増え金銭的なメリットがあると分析されたのです。もちろん、これは、EUが掲げる両性の平等と女性就労という目標にも反することとなり、政治的に大問題となったのです。

③育児休暇と所得補償の仕組み

フランスでは、母親は産前産後の16週の出産休暇、父親は3日の出産休暇と11日の**父親産後時休暇**のあと、**親養育休暇**を取得できます。**親養育休暇**期間中、労働を中断し全日の休暇を取るか、労働時間短縮での就労を行うか、労働者が決定します。**親養育休暇**を取得すると所得が減少しますが、それに対する新しい補償給付が**親養育分担給付**です（**就労選択自由補償給付**は廃止）。母親だけが長期の育児休暇を取得するのではなく、父親・パートナーも休暇を取得して子の養育を分担することを目的としています。

扶養する子どもの数に応じて、期間や支給額は変わりますが、1人の子どもの場合、母親と父親がそれぞれ6カ月まで育児休業が取得でき、給付を受けることができます。子ども2人の場合は、父親、母親が各自24カ月、末子の3歳の誕生日まで取得できます。2人同時の取得も可能です。3人以上の場合は、48カ月となります。給付要件は、子どもの養育のために、就労中断あるいは労働時間の短縮をし、子どもの人数に応じた特定期間の間に年金保険料納付を行っていることです。**親養育分担給付**額は、全日の休暇か短時間就労かによって異なりますが、毎年見直されます。2020年度は、就業を完全に中断した場合、月額398・39ユーロ（約5万2000円）が給付され、労働時間を50％削減した場合、257・54ユーロ、（約3万3000円）、労働時間の短縮（50～80％）148・57ユーロ（約1万9000円）が給付されます。

子どもと仕事の二者択一を迫らない社会の男女平等

■ジェンダーギャップ指数と出生率・就労率・少子化の関係

フランスが、家族政策を推進した契機は、第一次世界大戦と新型インフルエンザのパンデミックによる人口激減です。1914年に約4163万人あった人口が1919年には3860万人へと減少し、1914年に2・34だった合計特殊出生率も1916年に1・23にまで低下しました。これを国家的危機と認識し、世界に先駆けて、少子化対策を始めたのです。

では、現在なぜ多くの先進国で少子化が起きているのでしょうか。フランスの歴史人口学者・家族人口学者エマニュエル・トッドは、女性が教育を受け、識字率が向上し就労の機会が高まることと出生率には密接な関係があると指摘します（＊3）。避妊や衛生学や栄養学の知識を得た女性は、子どもを失う危険が少ないので、少産を選択します。次の段階として、女性が高等教育を受け、男性と同様に就労し収入が得られるようになると、二者択一して女性は仕事を選択し、出生率はさらに低下します。

図5　OECD加盟24カ国における15〜64歳の女性労働力率と合計特殊出生率

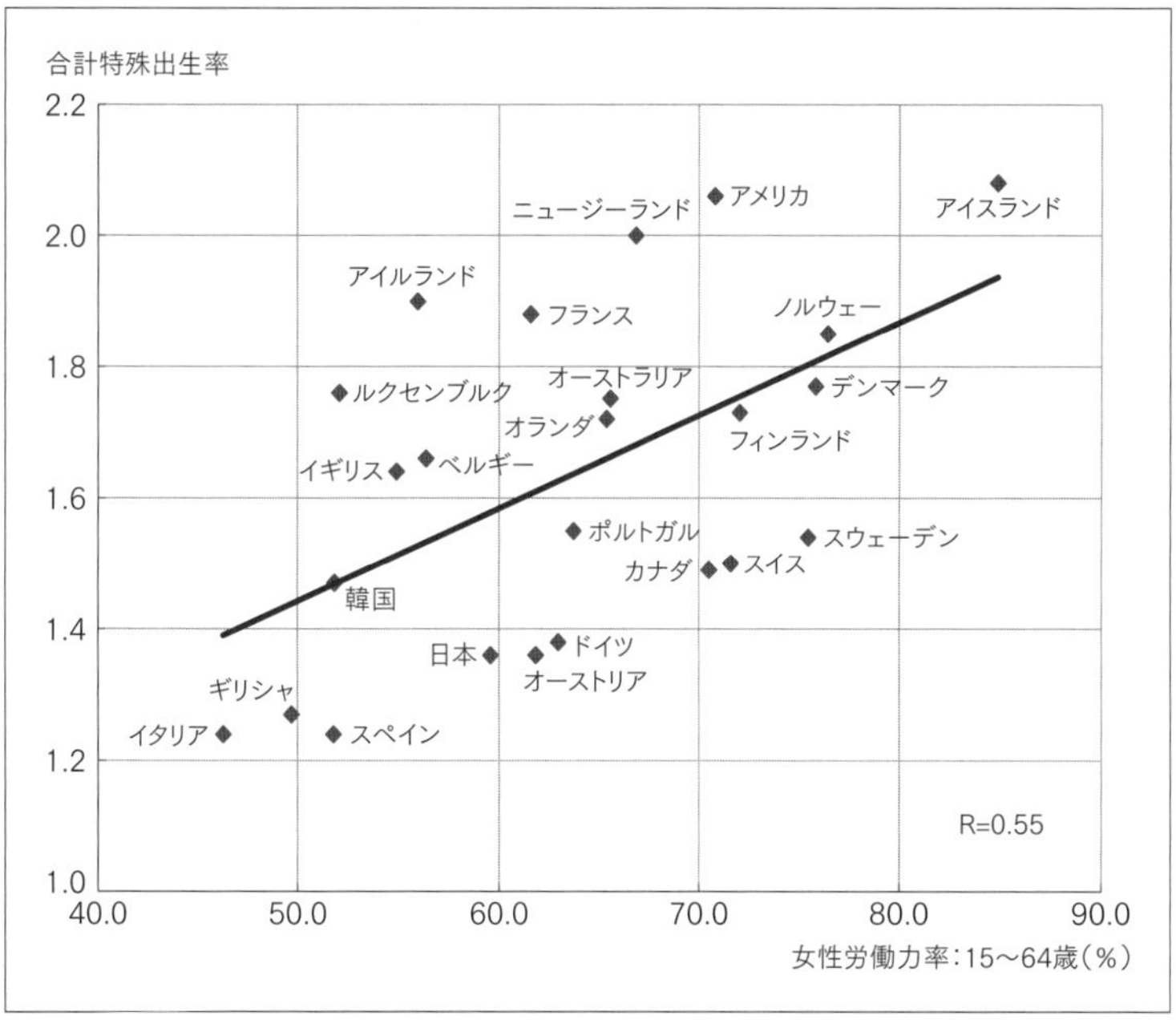

（資料）Recent Demographic Developments in Europe 2004, 日本：人口動態統計，オーストラリア Births, No.3301, カナダ：Statistics Canada, 韓国：Annual report on the Vital Statistics, ニュージーランド：Demographic trends, U.S.: National Vital Statistics Report, ILO Year Book of Labour Statistics より作成。
（注）女性労働力率：アイスランド、アメリカ、スウェーデン、スペイン、ノルウェーは、16〜64歳。イギリスは16歳以上。
出典：「少子化と男女共同参画に関する社会環境の国際比較報告書」（男女共同参画局）

日本における男女雇用機会均等法の施行以後の少子化現象は、トッドの説と一致します。

■雇用における男女平等の重要性

さらにトッドは、女性の社会的地位が向上するにつれて出生率が回復すると指摘します。男女共同参画に関する専門調査会の報告書もまた、OECD加盟24カ国（1人当たりGDP1万ドル以上）の2000年の女性労働力率と合計特殊出生率は、労働力率の高い国ほど出生率が高いが、1970年では、労働力率の高い国ほど出生率が低いという状況にあった、80年代半ば以降、女性労働力率を上昇させつつ出生率も回復させている国は、男性を含む働き方の見直しや保育所整備等の両立支援、性別役割分担意識の解消や男性の家事・育児参加、雇用機会の均等が進んだ、と指摘します（＊4）（図5）。フランスはこれらの社会整備を進め、日本はそれを怠ってしまったのです。

仕事か子どもかの二者択一を迫る現代の日本社会では、少子高齢化が進み、労働力不足にあえぎ、社会保障保険料の減収が問題となっています。男女平等を計る数値として、ジェンダーギャップ指数（以下、GGGI）がありますが、2020年の日本の評価は、総合153カ国中121位、「管理職ポジションに就いている男女の人数の差」は131位です。実は教育部門も、4年制大学（学部）への進学率が女子49・1％、男子55・9％と格差が大きい点が深刻な問題です。この点、伊藤公雄先生は、「識字率や初等中等教育の男女平等度は世界でもトップクラスなのだが、高等教育分野が106位」であることが原因と大学教育の男女格差の問題を指摘し、「1990年代前半に男女の進学率が逆転し、ほとんどの国で、女性のほうが男性よりも大学に進学するようになっている」が、「日本だけが、いまだに男性が女性よりも10％近く多く大学進学する珍しい社会になっている」と述べています。さらに、採用担当者が採用試験の成績は女性が優秀と認めながら、男性を採用することに疑問を示しています。経営者や政治家や経済学者が集まり経済成長について議論する世界経済フォーラムが、なぜ、GGGIに関心を持つのか、伊藤公雄先生は「ジェンダー平等社会になればなるほど経済的豊かさが達成される」からと述べています（＊5）。

　日本の就労率はM字曲線を描き、妊娠・出産・子育て離職がかなり起こります。大卒・同一企業勤務女性の正社員の生涯賃金は約2億6000万円を超えますが、復職しても非正規雇用であれば約2億円減り、生涯年収が6000万円程度まで下がります（＊6）。大卒女性がキャリア形成できず、大学の学費を支出しても、生涯賃金が高卒女性（1億5000万円）より低くなるのです。この現実は、女子の四年制大学進学率がOECD加盟国の中で低い一因となっていないでしょうか。さらに、生涯年収の違いは年金給付額にも影響し、高齢女性の貧困原因となりえます。OECDは、男女の時給の格差以上に、男女の生涯賃金の格差を非常に問題視し、この賃金格差は、時給だけでなく、出産や育児休業や時短勤務による減収、昇進の遅れや降格、離職から生じると指摘します（＊7）。

　フランスも男女平等の道はまだ半ばです。男性の育児休業の取得率の低さや女性の管理職や国会議員（地方議会は、男女同率となった。これは、男女ペアで立候補し、当選も男女ペアだからである）の比率も、EU圏では高くありません。フランス商法の改正によって、企業には経営責任を持つ女性管理職の比率が一定基準を超えるまで、継続募集を義務づけ、男女同一賃金の実現においても、目標年度と実行計画を提出させ、促進を図っています。

おわりに

　近年、「ドイツでなくフランスで、なぜ、仕事と家庭の両立が可能なのか」という質問をよく受けます。それには、100年にわたる試行錯誤を繰り返した労働政策、社会保障政策からなる家族政策の総合的な結果と答えます。隣国ドイツでは、短時間労働で、社会保障制度も整っていますが、ドイツの合計特殊出生率は1・46です（＊8）。OECDは、ドイツは男女の年間賃金のジェンダーギャップが大きいと指摘します。男女の時給は平等ですが、育児休暇や短時間勤務により女性の労働時間が短いからです。

　二者択一を迫らない社会の実現には、保育支援に加えて、労働時間の短縮、賃金や労働時間や育児休暇、昇進や管理職比率、大学進学率等の男女平等が一層求められるのではないでしょうか。


【注】

（＊1）広島中央保健生活協同組合事件　最高裁第一小法廷平成26年10月23日「判例時報」2252号、101頁
（＊2）4歳から入学可能な公的な幼児教育学校。義務教育ではないが、99・9％が入学する。
（＊3）エマニュエル・トッドは、フランスの人口社会学者であり、人口動態からソビエトの崩壊や、アラブの春を予測した。エマニュエル・トッド『帝国以後「アメリカ・システムの崩壊」』藤原書店、2003年
（＊4）『少子化と男女共同参画に関する社会環境の国際比較報告書』内閣府男女共同参画局編、2005年、71頁
（＊5）伊藤公雄「男女共同参画の視点からみた日本の学術・教育—ジェンダー統計の公開の拡充に向けて」『学術の動向』2016年10月号、20頁、公益財団法人日本学術協力財団
（＊6）久我尚子「大学卒女性の働き方別生涯所得の推計　標準労働者は育休・時短でも2億円超、出産退職は△2億円。働き続けられる環境整備を。」『ニッセイ基礎研所報』Vol.61 June 2017 99-108
（＊7）*OECD Employment Outlook 2017.* 2017, OECD publishing, paris.
（＊8）水野圭子「ワークライフバランスとジェンダー」『尊厳ある社会』に向けた法の貢献　社会法とジェンダー法の協働　浅倉むつ子先生古希記念論集』旬報社、2019年

プロフィール
水野圭子（みずの・けいこ）
法政大学大学院・パリ第10大学博士課程終了。法政大学講師。

PART 3

STOP! マタハラ

最高裁は、子を抱えて働く者に新たな希望の道を拓くのか

――ジャパンビジネスラボ事件、上告審へ

弁護士 圷《あくつ》 由美子

■衝撃の判決当日

「ひどい判決があったものである」。これは、現在上告中の担当事件（以下、「本件」）東京高裁判決（2019年11月28日）について、野田進九州大学名誉教授がご論考（＊1）冒頭に刻まれた一文です。

11月28日、法廷の内外には、どういうわけか警備員が複数人配備され、物々しい雰囲気に包まれていました。弁論が開かれたのは2回のみ、しかも、高裁は自ら指定した判決日を間際に延期する対応を二度繰り返し、当初予定日から5カ月を経て、ようやく迎えた判決日でした。

主文については、地裁判決、高裁期日でのやり取り、和解協議における担当裁判官の実際の言動等を踏まえ、いくつかのパターンを想定していたものの、言い渡された主文はどのパターンでもなく、埋め尽くされた傍聴席も大きくざわめきました。

高裁は一審判断（東京地裁判決18年9月11日）をことごとく覆したうえ、提訴日の記者会見が会社の名誉を棄損したとし、一個人である原告に55万円の支払いを命じました。一審が認めた契約社員の地位も否定し原告を無職としたうえでの言渡し、まさに「ひどい判決」でした。

首をかしげざるを得ない理由要旨を聞きながら、ふと、「ああそうか、これがあの『壁』か」と我に返りました。働く者、特に働く女性たちの前に立ちはだかるさまざまな壁。そして、ラスボスともいうべき最たる壁が、本来、少数者の人権の最後の砦となるべき「司法の壁」であること。それを、歴史的勝訴、あるいは次なる突破のためバトンをつないだ諸先輩方のさまざまな記録から学んでいたものの、まさに、その牙城を眼「上」に見た思いでした。

■会社の訴えで始まった裁判

実は本件、訴えを起こしたのはAさんではありません。

正社員の英語コーチAさんは、育休明けに契約社員化され、従前どおり正社員として働きたいと求め、労組を通じ団体交渉などするも拒否され、会社から、正社員の地位不存在確認請求（Aさんが正社員の地位でないことの確認を求める請求）の労働審判を申し立てられました。

労働審判では、会社に対し原告を正社員に戻してはどうかと促され、審判が期待されたところ、15年7月、会社は申し立てを取り下げ、同月中に原告へ雇止めを通知、翌月（同年8月）、今度は、正社員はおろか契約社員の地位もないとの確認を求める（労働契約上の地位不存在確認）訴訟を起こしました。

高裁が名誉棄損を認めたAさんの提訴記者会見とは、こうした会社側の相次ぐアクションを

受け続け法廷での闘いを余儀なくされ、同年10月、「正社員の地位確認」という表（おもて）の請求等を立てたことを報告する場だったのです。

　さらに会社は、訴訟提起1年経過後の2016年9月、この記者会見時のAさんの発言が名誉毀損にあたると反訴提起、時機に遅れた請求追加と抗議するも、地裁は制限しませんでした。

■「このままでは終われない」

　高裁判決日、お子さんは小1になっていました。これは、子が小1に成長するまでの期間、Aさんが正社員としてのキャリア形成の機会を奪われ続けたこと、司法はここまで時間をかけながら、この状況にお墨付きを与えたことを意味します。反響は極めて大きく、労働組合、研究者、人事関係者、経営側弁護士など、幅広い立場から衝撃と疑問の声が寄せられています。

　さて、判決当日に話を戻すと、私たちは、この日に勝訴判決を取り、あまりに長い闘いに決着をつけるつもりでした。想定外の主文に一瞬、頭が真っ白になりましたが、読み上げられる論拠を聞きながら、沸々と熱いものがこみ上げてきました。「このままでは終われない」。そう心が叫んでいました。でも、ご本人のAさんは？と意識を隣に向けると、Aさんからも決意がビシビシ伝わってきました。「ここに用はない、次へ行こう」。力強く、うなずき合いました。

■雇止めに至るまでの経緯

　「正社員→産休・育休→育休明けに契約社員化→期間満了での雇止め」。これが本件の大きな流れです（図1）。

　2008年、株式会社ジャパンビジネスラボ（資本金1200万円、従業員数約23名）に入社したAさんは、同社経営の語学学校「プレゼンス」にて、英語コーチ（正社員）として勤務、2013年に出産、育休に入りました。

　同社には、育休復帰を遂げた「ママコーチ」（会社による呼称。一方で「パパコーチ」との言葉はない）はゼロ、Aさんが初ケースだったため、会社は、復帰後の雇用形態として、週5、4、3日勤務の時短制度を新たに設けました（週5日勤務は正社員のまま、週4、3日勤務の場合「契約社員（1年更新）」とセットの制度設計。この契約社員について、制度説明文書には「本人が希望する場合は正社員への契約再変更が前提」「たとえば入社時：正社員→（育休）→育休明け：契約社員→（子が就学）→正社員へ再変更」との記載あり。以下、「会社の時短制度」）。

　Aさんは、保育園が決まらず、当面の策として、就業規則が定める休職制度（「家事の都合、その他やむを得ない事由により1カ月以上欠勤したとき」に会社が休職を命じることがある旨の規定）の利用を申し出たものの、認められませんでした。

　1年半（当時の最長期間）の育休期間満了日（2014年9月1日）、Aさんは会社から呼び出され、赤ちゃんを連れた状況下、その場で、契約書（週3日×4時間勤務。契約期間を1年とする旨の定めの記載あり。以下、「本件契約書」）を示されました。会社代表者、上司（その後退職）、社労士同席のもと、Aさんは、保育園が決まり次第週5就労に復帰できるか会社に質問、その際のやり取りで復帰できると認識し、本件契約書に署名しました。月収は4分の1となりました。

　復帰後、Aさんは、探す保育園の範囲を通勤経路の途中にまで広げ、本件サインの数日後、乗換駅最寄りの無認可保育園に空きを見つけました。喜んだAさんが、翌月（2014年10月）から週5就労したいと申し出ると、会社代表者はすぐさま、現時点での復帰は考えていないと回答、その後会社は、正社員に戻るには会社の合意が必要との一点張り。結局、Aさんを正社

図1　ジャパンビジネスラボ事件の経緯

2008年	正社員として入社　英語コーチとして勤務
2013年 3月	出産　産休・育休取得
2014年 2月	保育園に落ち待機児童に。育休を6カ月延長
9月	育休期間終了日、面談当日に用意されていた労働契約書（週3日勤務、契約社員）に署名
	乗換駅最寄りに保育園（無認可）を見つけ、正社員への復帰を希望するも会社は拒否
	労働局へ相談
同月19日	正社員復帰に関する会社との初めての面談。面談後、担当クラス外される
同月24日	上長が面談の際、「俺は彼女が妊娠したら、俺の稼ぎだけで食わせるくらいのつもりで妊娠させる」と回答
10月	女性ユニオン東京へ加入。団体交渉申入れ
	出勤のたびに業務改善指導書や警告書が交付される
2015年 4月	就労時間中、他の従業員もいる中、代表者から、執務室内にて、「Aさんにとっての不当労働行為って何？」と尋ねられ、Aさんはやむを得ず、これに応答しながら録音。代表者から録音中止が複数回命じられる
5月	会社からの労働審判申立て（地位不存在確認請求）
	第2回労働審判手続期日直前、会社は、社内で原告が使用していたパソコンのフォレンジック結果として、原告の送信メールのみならず、下書きにとどまるメールなどを証拠提出
7月	会社が審判を前に、申立てを取り下げ
	女性ユニオン東京、東京都労働委員会に不当労働行為救済申立て
	雇止め通知
8月	会社が東京地裁に訴訟提起（地位不存在確認請求）
10月	原告が訴訟提起し、厚労省記者クラブで記者会見
2016年 9月	原告の記者会見が名誉毀損にあたるとして、会社が損害賠償請求訴訟提起
2018年 9月	東京地裁　判決
2019年 7月	東京高裁　判決言渡延期
10月	東京高裁　判決言渡再延期
11月	東京高裁　判決

員に戻さぬまま、1年の「契約期間」満了をもって雇止めにしました。

■育休復帰後雇止めまでの対応

　正社員復帰を申し出て約10日後の2014年9月19日、Aさんと会社側は、面談の機会を持ちました（以下、「四者面談」。録音は書証として提出）。

　会社は、保育園が決まっても直ちに正社員に戻ることはない、復帰には合意が必要、などとし、戸惑うAさんの「会社の状況を踏まえ、せめて復帰時期の目安でもあれば」との問いに対し、社労士は「最低4か月は無理」と通告。Aさんは、制度説明文書に「本人が希望する場合は正社員への契約再変更が前提」との記載もあったゆえ、希望すれば従前どおり正社員に戻れると理解していたと話しましたが、社労士から、「契約再変更」とは、契約終了後（1年後）のことと告げられました。

　四者面談で、Aさんが労働局に相談している旨述べると、上長からクラス担当を任せるのは難しいと告げられ、代表者からも「戻るということは波風を立てないということが一番クレバーだよ」「それをされると、Aさんがどんどん戻りにくい関係になっていくよ」等と告げられました。そして、同日夜、担当クラスを外す旨通告されました。

　Aさんは、こうした通告等を受け、見学も済ませ、後は会社のGOサインを受け手続きするだけだった無認可保育園につき、申請手続きに進むことを断念、貴重な枠をリリースせざるを得ませんでした。

　翌月（10月）、Aさんは女性ユニオン東京に加入、団体交渉を開始。一方会社は、Aさんが正社員復帰を求めたこと等で「社内の秩序を乱した」などと、懲戒処分の可能性をチラつかせ、計17通の「業務改善指導書」等を交付（うち16枚は同じ日に交付）し、同書に署名するよう繰り返し迫りました。その後もクラス担当を外し続けました。

　2015年1月、同ユニオンが東京都労働委員会にあっせん申請、2月、3月と回が重ねられるも、会社側は正社員復帰を拒否し続けました。

　2015年4月18日には、高裁判決が雇止め事由の一つとした、録音禁止に関する出来事が起きました。同日就労時間中の執務室でAさんは、代表者から突然、「Aさんにとっての不当労働行為って何？」と尋ねられました。Aさんは、他の社員もいるため別の場所で、と提案しましたが、代表者がそのまま話を続けるためやむを得ず録音を開始。それに対し代表者から録音中止を複数回命令されたという出来事でした。

その5日後あっせん打ち切りとなり、会社はその翌月（5月29日）、東京地方裁判所に労働審判を申し立てました。

Aさんは、英語コーチとして就労できぬまま、また、労働審判の相手方とされながら、週3日勤務を続けました。同年6月10日には自宅待機を命じられ、社内サーバからも遮断。同年7月末、会社から契約期間満了通知が発せられました。

■地裁判決「被告の不誠実な対応はいずれも幼年の子を養育していることを原因とするもの」

本件の主な法律上の争点は5点、①本件契約書へのサインをもって従前の正社員契約が終了するのか、②本件契約は均等法9条3項、育児・介護休業法（以下、「育介法」）10条などに反し無効か、③雇止めは有効か、④会社に不法行為が成立するか、⑤Aさんの提訴記者会見が会社への名誉毀損となるか、です。

2018年9月11日、東京地裁は雇止めを無効と判断（争点③）、「被告（会社）は、原告（Aさん）を正社員に戻す労働契約の締結に係る交渉において不誠実な対応に終始」したとし、そうした「対応はいずれも原告が幼年の子を養育していることを原因とするもの」と断じました。そして、会社側の不法行為も認定、慰謝料等110万円を支払うよう命じ（争点④）、名誉棄損主張は退けました（争点⑤）。

もっとも、本件契約合意をもって正社員契約は終了、正社員復帰には新たな合意が必要とし（争点①）、均等法9条3項違反などもないとして（争点②）、契約社員の地位を認めるにとどまりました。会社は翌日控訴、Aさんも正社員の地位確認を求め控訴となりました。

■高裁判決
「自分の都合ばかり主張」

東京高裁は、一審に続き正社員の地位を否定（争点①②）、加えて、一審が無効とした雇止めを有効としました（争点③）。Aさんに「雇用の継続を期待できない十分な事由がある」とし、理由として、会社が禁止していたのにAさんが執務室内で無断録音したこと、「事実とは異なる情報」をマスコミに提供したこと、などを挙げました。

さらに、Aさんの提訴記者会見につき名誉毀損を認容（55万円の支払い）、Aさんの請求は一点（Aさんへのプライバシー侵害として5万円）を除き全部退けられました。Aさんは上告、第三小法廷に係属となりました。

■高裁判決の過ちその1
一個人のAさんに関する根拠なき印象操作

高裁判決後、ある記事へのコメントという形で、Aさんへのネット上のバッシングが広がりました。小林美希氏「マタハラ裁判で勝訴した原告女性の主張はなぜ、高裁で否定されたのか」『週刊朝日』19年12月4日AERAdot．転載）です。

同記事は、高裁で流れが変わったきっかけとして、「会社側が控訴して舞台が高裁に移ると、この裁判の一丁目一番地となる保育園の入園問題で新証拠が提出され」たこと、「新証拠『乙102号証』により、女性が保育園に入園申請していなかったことが判明した」「最初の入園申請では、女性は自宅近くの保育園1カ所しか申し込みをしていなかった」、一方、会社代表者については「子育て中の杉村社長は、女性と同時期に第2子の保活を経験。待機児童が多く、最初は片道45分かかる認可保育園に預けて仕事に出ていた」など付記があります。本件への関心の高さか、このAERAdot．記事は多数拡散されました。

①「復職後に子を預ける保育園として自宅近くの保育園1カ所しか入園の申し込みをしていなかった、②復帰直後見つかったとする保育園は申し込み自体していなかった、という点は、裁判長が判決当日わざわざ指摘したもの。まさに、Aさん＝「とんでも社員」とする印象操作だと、苦々しい思いで聞いた内容でした。しかも、あろうことか、①は誤った事実(＊2)(Aさんも判決後記者会見で触れた)、②は直近の「四者面談」等の経緯を無視した認定で(＊3)、①はAさんの尋問調書や陳述書、②は最重要証拠の一つというべき「四者面談」の録音起こし(甲13号証の2)を一読すれば、判断に疑問をいだきうる内容でした。

その後、Aさんはネット上の格好の餌食となり、保育園も確保せず、マタハラ等と声高に叫び自己の権利ばかり主張するとんでもない人物、雇止めされ当然、迷惑、消えろ、などとする私刑的誹謗中傷が続いています。これらは、育休復帰や子を抱えて働くことに対する、まぎれもない日本の風土の表れです。代理人としては、労働者一個人に対し、裁判所(司法)という国家権力をして、格好の「攻撃ネタ」を垂れ流しさせ、Aさんを更なる中傷被害にさらしたこと、猛省の限りです。

■高裁判決の過ちその2 価値観が先行し法に基づく判断を放棄

高裁第1回法廷、高裁裁判長は、クールヘッドで考えるべしと述べました。その言葉に一瞬期待を膨らませましたが、その後のアンフェアな訴訟指揮、法廷での威圧的言動、そして何より、警備員を複数配備し「不当判決」との傍聴席の言葉に逆切れ、法廷内の者すべてに大声で退廷を告げる姿は、クールヘッドとは程遠く、司法とは誰のためにあるのか、空を仰がざるを得ませんでした。

さて、保育園問題、これは、飛びつきやすい格好のネタ。左記記事でも「保育園の入園問題がこの裁判の一丁目一番地」などとされています。ところが、判決を読めば、実は、これは雇止め理由にもされていないことがわかります。というのも、保育園問題を理由に正社員復帰を拒むことは法制度およびその趣旨に真っ向から反し、到底許されるものではないからです。

そもそも育介法の定める育休制度とは、同期間まったく就労しないにもかかわらず、①それを理由とする不利益取り扱いを網羅的に禁止(図2)、更には、②元の地位のままの復帰を保障した制度です。したがって、保育園が決まろうが決まるまいが、元の地位に基づく復帰を保障せねばならないというのが法の建て前。むしろ、正社員復帰させるか否かにつき保育園などバックアップ体制を要件とすること、さらには本件のように、その判断をもっぱら使用者側に委ね、「合意」を要するなどとすることは、法制度に反する、司法による育休復帰への新たな制限の創設を意味します。したがって、労働審判でも、地裁でも、保育園問題なるものなどが判断を左右することはありませんでした。

ある経営側弁護士から、この判決には蔑視が流れているとの指摘を受けました。子を抱えて働くことそのものを半人前、リスクと捉え、保育園などバックアップを整えなければ神聖なる職場に戻ってくるなといった価値観ばかりが先行し、法制度の本質的解釈を失念してしまったのではないかと理解しています。

■高裁判決の過ちその3 アンフェアな訴訟指揮と審理不尽

もう一つ、高裁が、保育園問題を、真正面から断じられなかった理由、それは、高裁で初めて出てきたこの会社側主張(乙102号証関連)が、私たちにとって審理不尽の象徴ともいうべきもので、それゆえ東京高裁

図2　妊娠・出産・育児休業等に関する不利益取り扱いとは

以下のような事由を理由として ＞ 不利益取扱いを行うことは違法

妊娠中・産後の女性労働者の…
- 妊娠、出産
- 妊婦健診などの母性健康管理措置
- 産前・産後休業
- 軽易な業務への転換
- つわり、切迫流産などで仕事ができない、労働能率が低下した
- 育児時間
- 時間外労働、休日労働、深夜業をしない

子どもを持つ労働者の…
- 育児休業
- 短時間勤務
- 子の看護休暇
- 時間外労働、深夜業をしない

不利益取扱いの例
- 解雇
- 雇止め
- 契約更新回数の引き下げ
- 退職や正社員を非正規社員とするような契約内容変更の強要
- 降格
- 減給
- 賞与等における不利益な算定
- 不利益な配置変更
- 不利益な自宅待機命令
- 昇進・昇格の人事考課で不利益な評価を行う
- 仕事をさせない、もっぱら雑務をさせるなど就業環境を害する行為をする

〔出所〕厚生労働省「妊娠・出産・育児休業等を契機とする不利益取扱いに係るQ&A」6頁

は、判決上、乙102号証を理由づけの証拠として用いることができなかったのではないかと理解しています。

　というのも、会社は、2019年3月末日という書面提出期限を遵守せず、乙102証に関する主張書面を提出したのは、結審した第2回期日の1週間前。その後の準備書面や証拠などは、期日前日、当日に続々提出という有様。当方が反論の機会なきままの結審に異議を述べるも、却下。さらに、当方が結審後（和解協議は進行中）に提出した新証拠についても、高裁は証拠採用しないまま判決を下したのです。当方側の新証拠とは、乙102号証の中身が正確性を欠くことを証する「弾劾証拠」というべきものでした。

　このように、高裁は、もっぱら会社側のみに「後出し」を許容する不公平な訴訟指揮のもと、早々に結審、弁論の再開もしませんでした。和解案も、雇止め無効を前提とする内容と理解できるもので、その後、会社が抱く結論と裁判所の心証との間に差異があるので会社とだけ話をする、として判決期日を延期。計2回会社を呼び出すも、当方が呼ばれることもないまま、Aさん勝訴部分は覆されました。まさに審理不尽、手続き面のみをもっても不当で破棄はまぬかれないものと考えています。

■本件を正しい判断に導くための不可欠な3つの理解

　本件を正しい判断に導くためには、①均等法、育介法についての理解、②不利益取り扱いやマタニティハラスメント（以下「マタハラ」）が生じる構造についての理解、③そもそもの労働関係の法構造についての理解、が必要であるところ、高裁判決はそのいずれをも欠く、まさに「ひどい」判決です。

①均等法、育介法についての理解

◇網羅的に不利益取り扱いを禁ずる均等法、育介法

　妊娠、出産、育休等に伴う不利益取り扱いについて、図2のような禁止の定めを設けています。こうした網羅的禁止は2006年改正で実現されています。改正前、禁止対象は、妊娠、出産、育児休業取得を理由とする解雇のみだったところ、妊産婦や子を抱えて働く者は解雇されずとも、さまざまな不利益取り扱いをされ離職せざるを得ない状況に追いやられているゆえに、安心して働き続けられるよう、均等法、育介法それぞれの趣旨を全うすべくなされた禁止対象拡大でした。私たちは、Aさんの「契約社員化」の点および雇止めが禁止規定に反するとの主張をしています。

　雇止めについて、地裁は高裁と違って違法・無効としましたが、均等法、育介法違反と断じることは回避。私たちはその点

も不当としています。

「契約社員化」の点は、図2の「不利益取扱いの例」の4つめ、「正社員を非正規社員とするような契約内容変更の強要」（以下、「契約内容変更強要」）にあたり違法、無効、今も正社員の地位にあると主張しています。

Aさんが署名した効果であって「強要」じゃないと思われるかもしれません。この点、育介法等は明確に指南しており、均等法、育介法各「指針」にて、「労働者の表面上の同意を得ていたとしても、これが労働者の真意に基づくものでないと認められるもの」＝「強要」に該当、としています。頻発する不本意な契約社員化に歯止めをかけるべく明記されました。

Aさんは、「四者面談」での通告内容が、18日前の本件契約締結時に告げられれば、決してサインなどしなかった、改めて家族に協力をあおぎ、何としてでも週5で戻った、と言います。

しかし、地裁、高裁は、安易に、「真意に基づく」ものとし、契約社員化はむしろAさんの「選択」と断じました。

◇「不利益取り扱い」規定の意義、判断を示した最高裁の存在

仮に、「真意」に基づくゆえ本件契約が成立する、とされても、法がNOと言えばその契約は無効となります。この点、先程の網羅的禁止規定に関し、すでに最高裁が指南しています。いわゆる広島マタハラ事件最高裁判決（＊4）（以下、「広島事件最高裁」）です。同判決は、従前司法が育介法等を行政法規にすぎないとし同法での救済を避けがちだったところ、私法的効力を有する強行法規であり、同法違反は原則違法、無効となると宣言、時間的近接性から「契機とする」ものは原則「不利益取り扱い」とし、立証責任を事業主側に課す枠組みを示しました。

広島事件最高裁は、司法の紛争解決機能を果たすべく、均等法等の目的・趣旨に立ち返り、これからは均等法等をツールに、司法が積極的に紛争解決しなさい、そういうメッセージを放ったと受け止めています。

◇有期の必要性と合理性を不問

週3就労については、理論上「週3×無期」と「×有期」、2つの選択があるはずです。しかし、会社の設定は後者のみ。週3には「有期」がセットにされ、「選択」の余地なしでした。そもそも「期間の定め」は労働者にとって契約存続に関わる最重要の労働条件。まさに本件のごとく、雇止めリスクが常に伴うゆえに、育介法等で契約社員化強要が禁じられているのです。

会社は、自身の制度を、育介法を上回る両立支援制度としています。そうであれば、なぜ正社員のままとしないのか、会社はその必要性も合理性も立証できておらず、地裁・高裁もこの点を不問に付し、育介法に基づく判断を放棄しています（＊5）。

②妊娠・出産等への不利益取り扱いやマタハラが生じる構造についての理解

マタハラ等で紛争化するものには一定の特徴があります。それは、対象となる労働者が、妊産婦あるいは子を抱えて働く者であり、時間、場所問わず無限定な働き方はできず、母性健康確保や両立支援など、使用者側による「プラスアルファの対応」が不可欠という構造にあること。そして、その「プラスアルファ対応」を求めて権利主張↓拒否↓マタハラ等発生の流れ、常に対立構造を伴うという特徴です。

対立構造は、双方が自らの主張に「固執」するゆえ生じるものであり、この責任を単純に労働者側に課せば、育介法等で権利保障した趣旨が没却されることはいうまでもありません。

本件において、その対立構造は、Aさんの復帰わずか19日後、四者面談の際には顕在化、日増しに激化していきました。

この点について、和光大学名

誉教授竹信三恵子氏は、「「育休」とったら正社員に戻れなくなった女性の「意外すぎる結末」」(2020年1月2日付『現代ビジネス』)にて、次のように分析しています。「逆転はなぜ起きたのか。地裁と高裁の判決文を比べると、その分岐点が見えてくる。それは、働きやすい労働条件を求めて会社と交渉する権利を持つ社員を前提とした地裁判決と、会社の要求に限りなく従うべき社員を前提とする高裁判決、という『労働者観の違い』だ。たとえば、地裁判決では、労使交渉での会社側の対応の硬直性を不誠実とし、『働き方の多様性を甘受するかのような姿勢を標榜』しつつ、『実際には会社の考えや方針の下に原告の考えを曲げるよう迫り（中略）原告の姿勢を批判・糾弾』したと批判している。一方、高裁は、原告が、正社員復帰に伴い育児との両立がしやすいように土日勤務などクラス担当の曜日等の配慮を求めたことについて『全く現実味のない』ものとし、原告が会社の要求する正社員の働き方に沿えないにもかかわらず『自己の都合のみを主張』したとする。」

当然に対立構造となることを伴うことを熟知されたうえでの分析。高裁は、「自己の都合のみを主張」ともっぱらAさん側の「固執」を非難。それに対し、地裁は使用者たる会社の「固執」こそ非難されるべきとし、まさにここが「分岐点」でした。

いずれが正しいかは言うまでもありません。育介法等の規律する労使間では、使用者側は「プラスアルファの対応」が不可欠という構造にあり、同じレベルで怒りに任せた泥仕合などせず、育介法等にのっとった適切な対応を講ずべき法的義務を有しているのは他ならぬ使用者だからです。

③労働関係の法構造への理解

労使は交渉力にも圧倒的格差があります。それゆえ、対等な当事者を予定する民法の規律に加え、契約自由の原則に歯止めをかける労働関係法を定めているのです。にもかかわらず、正社員の地位確認に関しての地裁、高裁の思考は実に形式的かつ硬直的、すなわち、契約締結されたのだから、①正社員契約は終了、②新たな契約社員契約が成立、③正社員に戻すためには、別途労使による新たな合意が必要、との単純思考です。

この論を貫くと、具体的妥当性を欠き正義に反する結果が待っていることは言うまでもありません。なぜなら、本件で、会社がAさんの正社員復帰に同意することはあり得ず、Aさんは一生涯正社員復帰を果たせない結果になるからです。

前述の「固執」の対立構造でいわばクリンチになった場合、司法は何をもって判断すべきか。民法的形式論ではなく、特別法たる労働関係法がいかなるルールを用意しているか解析、適用することこそ、司法の使命です。本件でいえば、契約自由の原則への歯止めの存在は他ならぬ育介法等です。

そもそも女性たちが勝ち取った育介法上の育休制度とは、正社員が育休中就労義務を果たさなくても、その地位を失うことがないという点に大きな意義があります。

Aさん在住の区は、厚労省発表の「保育所関連状況取りまとめ」（2014年4月1日）をみても全国トップレベルの保育園激戦区でした。待機児童問題という本人に帰責性のない社会状況下、週3就労に有期という非正社員化の制度を組み込み、正社員化は会社判断で拒絶可能、さらに雇止めでの職場追放も可能という制度設計やその運用は、復帰後も正社員の地位を守るという育休制度の趣旨や育介法の各定めとの関係で許容すべきなのか、その結論は明白です。

■本件訴訟の意義

「子どもを産んでも働き続けられる社会に」。これが本件訴訟を通じたAさんのメッセージ、社会への大きな問題提起です。私も、10年来「誰もがどんなライフステージでも人間らしく生き生きと働き続けることのできる職場・社会の実現」をモットーとしてきた身として、彼女に賛同し、共に歩んできました。

人は労働者である前に人格ある人間、人にはそれぞれのライフやライフステージがあります。しかし、日本の多くの職場では、労働戦士はライフを語るべからず、あるべきモデルとして、時間場所問わず滅私奉公できる者を「正社員」という地位に据え、家族的責任などを有するゆえ、時間、場所限定付きで「しか働けぬ」者（ライフでも責任を果たそうとする者）は「非正規」に、としてきました。今や、その職場構造による歪みが、処遇格差やそれに伴うハラスメント、貧困の連鎖、少子高齢化など、多くの社会問題の根源であることは公知の事実です。

コロナ禍に見舞われたものの、その中で、今ようやく日本でも、行動変容の動きが高まっています。政府主導の働き方改革でほとんど動かなかったリモートワークも一気に浸透、場所的滅私奉公からの解放という新たなステージを迎えています。また、立場を超え多くの者が「おうち時間」を実際に経験することで、ライフと仕事いずれも大切に、そういった意識改革も進みつつあります。

ここで、司法が、旧態依然の職場構造をよしとし、行動変容の流れにブレーキをかけるのか、真に多様な働き方を許容するようメッセージを放つのか、その舵は今まさに最高裁が握っています。若者も希望が持てる日本の働き方の未来、そしてこの社会のライフの未来は、最高裁が指し示す英断一つ、それを勝ち取るために、今後も全力で邁進する次第です。

【注】

（＊1）『労旬』1951＋1952号、2020年1月

（＊2）高裁判決が誤って認定した「保育園一園」問題。Aさんは認可保育園のみでも、2014年度内に、2015年2月、4月入所の申請を行っている。高裁はさらに、「保育方法を限定し、どの程度熱心に保育園探しをしたか疑問」と筆を滑らせた。お子さんの誕生月は早生まれの3月。育休満了となる14年2月時期はほぼ年度終わりで入所困難なことはいわば常識というべき。

（＊3）復帰後保育園「未申請」問題。高裁は、「正社員復帰に保育園確保が不可欠と認識していたはずの原告が、簡単にキャンセルし、あるいは申し込み自体を差し控えて自ら入園の機会を放棄することは考えられない」、そもそもわずか数日で見つかること自体「不可解」とし、会社の「虚偽」主張を丸呑み。これは直近の「四者面談」の経緯等を無視した判断。正社員へのつなぎの制度との説明を受け本件契約を交わしたのに、入所見込みが高い16年4月を超え、同年8月まで正社員復帰の道が拒絶されたと理解し、せっかく見つけた枠の辞退を余儀なくされた。

（＊4）広島中央保健生活協同組合事件（最一小判平26・10・23集民68巻8号1270頁）

（＊5）石田信平専修大学教授『季刊労働法』267号、164頁。「育児と仕事の両立を意図して設けられた選択肢であっても、それは合理的な労働条件に支えられた価値ある選択肢(capabilities)でなければならず、合理性の判断にあっては、少子化の是正と雇用継続という育介法の趣旨が投影されるべき」とし、本件のごとき労働契約上の地位の維持と引き換えに、期間設定という大きな不利益を課すという選択肢の合理性は、無期転換権約定等認められない限り否定されるべき、とする。

（＊6）本件は論点が実に多岐にわたる。紙面の都合上、執務室録音禁止違反等を理由とする雇止め、一労働者の労働事件の記者会見につき名誉棄損を認容することの是非や社会への影響について詳述できなかったが、これら1点のみをもっても、高裁判断を決して維持させてはならないことはいうまでもない。

（＊7）本件事件弁護団は宮里邦雄、小川英郎、雪竹奈緒、橋本佳代子、出口かおり、辻亜希子、上田貴子のほか当職の計8名。

プロフィール

圷由美子（あくつ・ゆみこ）
弁護士。中央大学法科大学院兼任教員。連合総研委員（「今後の労働時間法制の在り方を考える調査研究委員会」）。現場目線の政策提言、公労使等各方面への研修などを通じ、誰もがどんなライフステージでも人間らしく生き生きと働き続けることのできる職場環境の実現を目指す。

出産後も働き続けられる社会に

ジャパンビジネスラボ事件　原告

■事実とかけ離れた 不当な高裁判決

「契約社員は、本人が希望する場合は正社員への契約再変更が前提です」（原文ママ）という書面を信じ、週3日勤務の契約社員を選択しました。新しい社長がつくったこの契約社員制度は、「育休明けの従業員のみ」が選択できる育児と仕事の両立支援を目的とした制度であると説明されました。しかし、子どもを預ける保育園も見つかり、週5日働ける環境が整っても、正社員に戻すのは「いつになるかわからない」と言われ、メイン業務を外され、さらには契約期間満了だからと職場を追い出されたのです。

裁判となり、地裁では雇止めについては無効という判決が出ました。ところが、11月28日に出された高裁判決では敗訴。私が自分の都合ばかりを主張するひどい社員であったかのように印象操作された内容に驚きました。

実際には、妊娠中に実家の近くに引越しを済ませ、平日の夜は22時まで働ける、子どもが発熱したら私の両親が保育園にお迎えに行ける、土曜日、日曜日も働く、と会社に説明していました（事実、育休復帰後も平日22時まで働く日もあり、土日に出勤していた）。証拠があるにもかかわらず、会社主張と矛盾する事実は無視されました。あまりにも事実とかけ離れた「不自然な」判決なのです。国民の権利と自由を守り社会の正義を実現しているはずの裁判官が、こんな判決を書くのかと失望しました。

■被害者バッシングは 何も生まない

ハラスメントは、被害者に落ち度があったことにすれば簡単に片付けられます。自業自得としてうやむやにできるのです。しかし、それでは問題は解決しませんし、同じことが繰り返されます。この会社がとったような両立支援を標榜する巧妙な手口は許されるべきではないと思います。正社員に復帰させるかどうか、会社が判断してもよいとなると、さまざまな理由をつけられて、正社員としての職場復帰が拒まれる母親や父親が多く出てしまいます。

高裁の阿部潤裁判長は、第1回期日にて「クールヘッドに」と原告・被告双方をたしなめました。〝cool head but warm heart〟（冷静な頭脳と温かい心）――ある経済学者がロンドンの貧民の状況に触れ、そのような人のためにこそ経済学を深めようと決意したときの言葉だそうです。しかし、この高裁判決は事実認定が冷静にされたとは思えませんし、個人攻撃にあふれていて、とても温かい心があるとは思えませんでした。女性が出産しても仕事を続けることがようやく認められるようになってきた今、逆行するような判決を放置してはいけないと、上告しました。最高裁では、温かい心を持った裁判官が冷静に判断し、より良い社会に導ける判決が出されることを願っています。

プロフィール

ジャパンビジネスラボ事件 原告

育休後、「契約社員は正社員復帰が前提」という言葉を信じ、正社員から契約社員に。組合に加入し正社員復帰を求め続ける中、会社側が裁判を起こす。地裁では地位確認と損害賠償が認められる勝訴。高裁にて敗訴。最高裁は第三小法廷に所属が決まった。

似た経験や思いを共有し、助言し合うことで強くなれる

お話をうかがった方

特定非営利活動法人マタニティハラスメント対策ネットワーク 代表理事
宮下 浩子さん

NPO法人マタニティハラスメント対策ネットワーク（マタハラNet）

安心して妊娠、出産、子育てしながら働き続けられる社会の実現のために、マタハラに対処するための情報を提供し、解決を後押ししたり、企業への啓蒙活動や政府・行政への政策提言を行っている。
http://www.mataharanet.org/

■似た経験をした人たちが思いを共有する場が原点

マタハラの難しさの一つに、被害の相談相手を見つけにくいことがあります。まわりに同じ立場の人が少なく、家族や友人に相談しても理解や共感を得にくかったり、同じ職場の上司や同僚はマタハラ被害者に対して不満を抱いているケースも少なくありません。

「特定非営利活動法人マタニティハラスメント対策ネットワーク（マタハラＮｅｔ）」は、２０１４年、マタハラの被害者３名を中心に、マタハラに関する情報や想いを共有しようと、立ち上がりました。現在もスタッフの多くはマタハラ被害経験者。メールによる相談窓口や、隔月の交流会「おしゃべりＣａｆｅ」、企業へのセミナーや研修を中心に活動しています。

マタハラＮｅｔが発足して約６年。マタハラという言葉が浸透して、被害者が認識しやすくなったこともあり「相談者は減らず、エスカレーターを逆上りしているみたいな気分です」と、代表の宮下浩子さん。「何年経ってもマタハラの内容が変わらないんです。それに、法律が変わっても、心に受ける傷の痛みは一切変わりません」。そう話す宮下さんに、よく寄せられる相談や交流会で聞かれる生の声、また、マタハラの少ない職場をつくるには何が必要かなどを聞きました。

■マタハラの影に潜む性別役割分業と長時間労働

年間１００件前後寄せられる、マタハラに関する相談や体験談をもとに、マタハラＮｅｔではマタハラを４つの類型にまとめています（表1）。

①昭和の価値観押し付け型

「子どものことを第一に考えないとダメだろう」など、性別役割分業の意識が根づいていて、女性は妊娠・出産を機に家庭に入るべき、家庭を優先すべき、それが幸せの形と思い込んでいることから起きるパターン。悪意がないからこそ非常にやっかいです。

②いじめ型

「休めていいよね」「自己中」など、カバーさせられる同僚の怒りの矛先が、妊娠や育児中の女性に向かってしまうパターン。

③パワハラ型

「時短勤務なんて許さない」など、長時間働けない社員に長時間労働を強制するパターン。

④追い出し型

「残業できないと他の人に迷惑でしょ」「産休・育休などという制度はうちの会社にはない」など、長時間働けなくなった社員を労働環境から排除するパターン。明らかな違法行為です

が、マタハラ被害の多くがこのパターンなのが日本の現状です。

これらの4つの類型の根源には、性別役割分業の意識と、長時間労働という、日本ならではの2つの問題が潜んでいます。類型①はまさに性別役割分業の意識が残っていることが原因であり、管理職に女性が少ないこともそれを助長していると考えられます。類型②③④は、長時間労働をよしとする社会全体の思い込みによるもの。実際、マタハラNetのデータ調査でも、マタハラが起こった職場では長時間労働が横行していたり、有給休暇を取得しづらい状況にあったりすることがわかっています。

こういった環境が、女性たちを子どもか仕事かの二者択一に追い込んでしまっています。これは、社会全体の抱える問題なのです。

表1　4つのマタハラ類型

分類	類型	説明	よくあるセリフ
個人型（直属の上司や同僚から）	①昭和の価値観押し付け型	性別役割分業の意識が根づいていて、女性は妊娠・出産を機に家庭に入るべき、家庭を優先すべき、それが幸せの形だと思い込んでいることから起きてしまう	「子どものことを第一に考えないとダメだろう」「君の体を心配して言っているんだ」「旦那さんの収入があるからいいじゃない」など
	②いじめ型	カバーさせられる同僚の怒りの矛先が、妊娠や育児中の女性に向かってしまう。妊娠した女性のみならず、組織全体に対する救済措置が必要	「迷惑なんだけど」「休めていいよね」「自己中」「ズルしてる」など
組織型（経営層や人事から）	③パワハラ型	長時間働けない社員に、長時間労働を強制すること	「時短勤務なんて許さない」「夕方帰る正社員はいらない」「妊婦でも特別扱いはしない」など
	④追い出し型	長時間働けなくなった社員を労働環境から排除すること。マタハラ被害の多くがこの追い出し型	「残業できないと他の人に迷惑でしょ」「子どもができたら辞めてもらうよ」など。酷い会社だと「産休・育休などという制度はうちの会社にはない」など

NPO法人マタハラNetホームページより

■妊娠中だけでなく 育休中や復帰後も続くマタハラ

マタハラは、無事出産すれば終わりというわけではありません。マタハラNetでは、女性が妊娠・出産・育児をしながら働き続けるには「3つの関所」を通過しなければいけないとしています。

1つ目の関所は、妊娠を報告するときの〝妊娠解雇〟。マタハラNetに寄せられる被害相談件数では、このケースが多いそうです。2つ目は産前・産後休業、育児休業を取得するときの〝育休切り〟。3つ目は、産休・育休から復帰するとき。さらに、この3つの関所を無事乗り越えたとしても、その先には仕事と子育ての両立はできるものの、昇進・昇格とは縁遠いキャリアコース〝マミートラック〟が待っていることも。それまで同じように働いていても、女性だけがマミートラックをたどらされるのは、理不尽としか言いようがありません。

■マタハラか判断しづらい グレーマタハラが増加中

「マタハラ」という言葉が一般に知られるようになってきて、明らかなマタハラ行為はしづらくなる一方で、増えているのが、マタハラかどうか判断しづらい「グレーマタハラ」。男女雇用機会均等法や名誉・人格権などを害する不法行為（民法709条）、判例などをもとに、違法性が明確な「ブラックマタハラ」に比べて、直ちに違法とは言えないけれど問題視すべきものを、マタハラNetでは「グレーマタハラ」と呼んでいます（図1）。

図1　マタハラかどうか判断しづらい「グレーマタハラ」

- ブラックマタハラ＝均等法や名誉・人格権等を害する不法行為（民法709条）、判例などをもとに、違法性が明確なマタハラ
- グレーマタハラ＝直ちに違法とは言えないけれど問題視すべきもの

（例）

「今は仕事を優先して妊娠しないほうが君のキャリアのためだよ」

「転勤中は妊娠しないようにしたほうがいいよ。戻って来られなくなるよ」
→自己決定権の侵害

「男女平等の時代。産んだ産まないは関係ない。要は仕事ができるかできないか」
→育児のための権利行使を認めさせないというプレッシャー

「妊娠は辛いでしょ。休んだら」

「仕事はしなくていいよ。体調優先でいいから」

「お子さん、まだ小さいんでしょ？　残業して放っておくなんて、子どもがかわいそうじゃない？」
→間違った配慮

「妊娠は病気じゃない」

「妊娠しても他の社員と同じように働いてもらう」
→体調不良の報告を躊躇させる。我慢を強いる

「休めていいなぁ」

「長期休み、うらやましい」

「私も休みたいな」
→出産・育児への理解不足

「休んでるのに給料もらえていいなぁ」

「給料泥棒だ」
→制度・法律への理解不足

「同時に育休を取らないように、女性社員同士で産む順番を決めてね」

「入社して5年は妊娠なんてしないほうがいいよ」
→妊娠はコントロールできるものという誤解

NPO法人マタハラNetホームページより

たとえば「今は仕事を優先して妊娠しないほうが君のキャリアのためだよ」など、一見その人のためを思って助言しているようで実は自己決定権を侵害しているケースや、「男女平等の時代、産んだ産まないは関係ない。要は仕事ができるかできないか」など、育児のための権利行使を認めさせないようプレッシャーをかけてくるケースなど、さまざまなパターンがあります。

これらのグレーマタハラは、被害者も加害者もマタハラと認識しづらく、窓口や知人に相談しても理解を得にくいため、被害者本人がモヤモヤした気持ちを抱えたまま、誰にも言えず口をつぐんでしまいがちです。そのため、ブラックマタハラとはまた違った解決の難しさがあります。

■妻になりすまして相談メールをしてきた夫

マタハラNet立ち上げの2カ月後から加わり、以来6年間にわたって積極的に活動してきた宮下さんには、忘れられないある夫妻の事例があります。

あるとき、「私、妊娠○カ月で、今こういう状況で、産休も取らせてもらえそうになくて、どうしたらいいのかわからなくて苦しいです」という相談メールがマタハラNetに届きました。それに対して、宮下さんがいつものように「大変ですね。それは会社が違法なことをしているけれど、小さい会社だから産休・育休制度の運用方法がわからないのかもしれない。一緒に会社との交渉のしかたなど、いろいろ考えていきましょう。まずは、本当に体と心を休めましょう。いつでも何かあれば相談に乗るし、夜中でも苦しくなったらメールをいただければ一緒に考えていくから大丈夫ですよ。一人ではないよ」といった内容のメールを送信。

すると、その返信が「すみません。実は被害者本人ではなく、僕はその夫です」と。実は、夫がマタハラの被害者である妻に見せかけてメールしてきていたのだそう。「最初、こういうところに相談するのに不安と不信感があったけれど、連絡をしたらすぐに返信をくれて、こんなにも寄り添って親身になってくれて、僕はだましているのが心苦しくなりました。妻はうつになっていて、もう死にたいと言ったり、笑えないし食べられな

いし、相談をする気力ももうなくて。母体にもお腹の子どもにもよくないのではというのが、自分自身の悩みなんです」と。

　そこで宮下さんは、夫だけでもと交流会に誘ったところ、げっそりやつれた妻も一緒に少し遅れて参加。他の人の体験を涙を流しながら聞いていましたが、妻が「私も話をしてもいいですか？」と少しずつ話し始めました。そして、自身の悩みを同じ立場で共感してくれる人たちに聞いてもらい、また具体的なアドバイスも受けたことで、みるみる元気になっていったそうです。

　「交流会が終わった後、彼女から『宮下さん、一緒にお昼を食べませんか？』って。何も食べられないって旦那さんがおっしゃっていたのに（笑）。『ぜひ食べましょう！』と一緒にランチをして、笑顔で帰っていかれました。相談や交流会を続けていてもなかなかマタハラが減らなくて、活動の意義を考えてしまうこともあります。でも、被害者はやはりみんな、同じ想いをしている人たちがいて、自分だけではなかったんだと知るだけでも、すごく元気になれるんだと実感した出来事でした」

■マタハラを受けたらまずはお互い寄り添って話し合いを

　マタハラを受けた相談者たちは、「妊娠が悪いことのように思えた」「こんなことなら妊娠しなければよかった」「二度と子どもを産みたくないと思った」といった声を漏らしており、その精神的苦痛ははかりしれません。

　実際にマタハラを受けた場合、被害者本人はどのように対処すればいいのでしょうか。マタハラNetには「どうやって会社と闘えばいいですか？」という相談も多いそうですが、宮下さんは自身の経験からも、闘うことはあまりすすめていません。

　「会社と闘うとなると喧嘩になってしまって、よい答えは見えないと思うんです。それよりも、会社側と妊婦側がお互いの事情にも寄り添いながら、理解し合おうと努めることをおすすめしています。それでも会社にわかってもらえないなら、弁護士など専門家にお願いすればいいですが、できるだけ未然に防げたら……」

　たとえば、「自分の認識違いだったら困るので、ちょっと第三者機関にも相談をしてみたところ、妊娠を理由にこのような対応をするのは違法みたいなんです。そこで、もう一度自分の働き方などについて、相談させてもらえませんか？」など、企業側の事情にも寄り添う形で話をすることで、対応してもらえるケースも多いと言います。

　また、子育てが落ち着いた人から「会社を訴えられますか？」という相談を受けることも。被害者自身には当時の辛い想いが強く残っているのですが、会社も辞めてしまっているとなると、訴えて復職するのは難しいケースが多いようです。「相談に来られた方には、その会社で働き続けたいなら、まず辞めないで一緒に対策を考えよう、と伝えています」

■マタハラのきっかけの多くはコミュニケーション不足

　被害者の相談に乗り続けてもなかなかマタハラが減らない中で、やはり企業にも理解してもらって根本から改善していかなければと、マタハラNetでは企業や自治体向けのセミナーや研修なども行っています。そこで実感するのが、企業と個人との「圧倒的なコミュニケーション不足」。

　「日本の企業は上下関係の厳しい縦割りで、妊娠したら『はい、産休・育休ね』と全員を同じ型にはめて対応しようとしがち。でも、できることとできないことは人によっても全然違って、妊婦さん本人にしかわかりません。一人一人に合った働き方を本人と相談する必要があります。

妊娠の報告の時点で、企業側は『これからどういう働き方ができるか、何かあったときにどうしたらいいかなどを一緒に決めていこう』という話をしてほしい。妊婦さん側からも『こういう作業はできます』とか『まだ働けます』と自分の状況を都度伝えることができれば、何の問題もなく働き続けられます」

また、産休・育休に入ってからも、お互いメールなどでコンタクトを取り続けることが大事といいます。連絡を取らずにいると、妊婦側は自分が置いていかれているのではないか、本当に復帰できるのか、自分の居場所があるのかなどと不安になってきます。一方で、企業側も本当に復帰してくれるのかという不安を抱えています。そこで、妊婦側からは「今、こういう状況で順調です。復帰したら、こんな感じで仕事に携わっていきます。今、こういう企画を考えています」などと連絡をして働く意欲を見せておくと、企業側としても作業分担や派遣社員を手配しておくかなど、復帰後の話を進めることができます。

宮下さんが提案するのは、妊娠・出産・育児時に社員にリサーチするためのフォーマットを、企業で用意しておくこと。企業と社員、お互いの希望や不安を見える化する仕組みをつくれば、企業全体の意思統一もしやすくなります。

とはいえ、企業研修や講演をしていると、〝昭和の価値観押しつけ型〟の人もまだまだたくさんいるのが現実。ただ、働き方の多様性を認めないことは、マタハラだけでなく、介護を理由に被害に遭うケアハラ（ケアハラスメント）などにもつながっていきます。

「妊娠・出産・育児の話ではなく、企業のマネジメントの問題として受け止めていただく必要があります。いつ誰が抜けても大丈夫な働き方を基本にしておけば、いずれ自分が病気になったり、親の介護が必要になったりしたときに、自分自身もそういう働き方ができるんですよと言うと現実味があるようで、『そうか、考えなきゃな』と」

自分の娘や、娘の友達、職場の同僚たちにはこんな思いをさせたくない、という思いで活動してきたという宮下さん。マタハラは女性だけの問題ではなく、働き方や企業イメージ、経済などにもつながる社会全体の問題として、もっと強く認識される必要性を感じました。

（取材・文／山賀沙耶）

プロフィール

宮下浩子（みやした・ひろこ）
NPO法人マタハラNet代表理事。2002年「マタハラ」という言葉ができる前に妊娠を理由に職場を解雇。復職を求めて起こした裁判で勝利的和解を勝ち取った。2016年11月代表理事に就任。4人の子の母。地元の地域包括支援、子ども食堂などでも活動中。

暴言を吐いた店長も長時間労働の被害者だったと、今なら思います

——宮下浩子さんのケース

2002年、まだマタハラという言葉がなかった時代に、私は妊娠を理由に解雇されました。

妊娠して1～2週間後に切迫流産で急きょ入院になり、当時務めていたホームセンターに連絡をしたところ、店長が「妊婦は働けないんだよね」と。「退職届を書いてくれ」と言われて行ったところ、店長は不在でした。名前と住所だ

けを書いたもののやはり納得できないので話し合ってからと思い、退職理由は書かず捺印もせずに、置いて帰ってきました。

ところが次に連絡したら、「退職届は本社に提出したからもう撤回はできないし、復職もできないよ」と。「妊婦なんか働けるわけがないじゃないか。お客さんが気を遣うし」とか「もしもそのお腹の子がこの店で死んだらいい噂は立たないんだよ」など、今で言うところのマタハラをされました。

当時私はパート社員でしたが、パートやアルバイトのリーダー的存在として社員との架け橋になっていて、すごくやりがいがありました。ところが妊娠したことで、それまでの信頼関係をブツンと赤の他人のように切られて。本社の人事にも電話をしましたが、「店長の判断なので」と。

どうしたらいいかわからず、ネットで調べたら、そこで初めて「妊娠を理由にした解雇は違法」と知りました。当時、産休や育休を取れるのは正社員だけだと思っていたんです。そこでもう一度店長と話しましたが、「法がどうのこうのと言ったって、うちの店で何かあったら、国が補償してくれるんですか」と。そして、今でも忘れられないのが、「一主婦が大企業相手に闘えるもんならやってみな」と。

暴言を吐かれて、泣いて食べられず笑えずだったものの、やはり納得できなくて。そこで、弁護士に相談したところ「それは違法だし、復職できる」と言われました。労働基準監督署にも行って話をしたら「会社にも話を聴きますから」と。ところが、1週間後に労働基準監督署から電話がかかってきて、「会社側の顧問弁護士が言うには、本人が退職を希望されて辞めたので、違法なことはしていないと。こうなると、何もしないか、調停するか裁判するかのどれかです。調停は何件も案件を扱っているから時間もかかるし、裁判は時間もお金もかかります。どうしますか?」という対応。

その後、夫と一緒にまた店長のところに、今度はボイスレコーダーを持って行って、話を聞いたところ、「奥様の健康上の理由で自主退職された」という回答にコロッと変わっていて。こちらも「それならその病気を治しに行きますので、病名を言ってください」と食い下がると、最後には「妊娠をしているから」と言いました。それで、再び弁護士のところに行って、ボイスレコーダーを聴いてもらった。第一に職場復帰、第二に、法を順守し妊産婦の働き続けられる職場環境づくりに努めること、第三に、給料がなくなるので休んでいる間の休業補償、第四に、お腹の赤ちゃんへの謝罪。この4つを訴えて裁判を起こしました。

裁判は和解の方向に話が進みましたが、会社側は「法を順守し、妊産婦も働き続けられる職場環境づくりに努める」という一文は入れられないと。入れると、妊娠を理由に解雇したのを認めることになるからでしょう。でも私は「これだけは入れてもらわないと、残る女性たちがまた同じ悲しい思いをしてしまう」とねばり、最終的にはその一文を入れて、全面勝利的和解になりました。

それでも裁判を起こすことは、私はいまだにおすすめできません。裁判となると、マタハラ発言などをすべて思い出さなければならずフラッシュバックするし、企業側は嘘をついたり人格否定をしてきたりもします。ただでさえ傷つくのに、妊娠中や産後だと本当にリスクが高い。私はたまたま暴言を聞いていて証人になってくれた同僚もいたし、音声記録もありましたが、証拠もないとなるともっと大変です。

和解後、当時の店長はトカゲのしっぽ切りのように左遷されてしまいました。今、こういう活動をしてみると、店長も会社からは業績アップや人件費削減を言われ、板挟みだったんだろうなと。そういう意味では、店長も被害者だったのかなと思います。だからこそ、どちらの被害者もつくらないために、企業にしっかりマネジメントをしてもらうことが一番大事だと考えています。

（まとめ／山賀沙耶）

育児と仕事の両立が楽しみになる本

パパとママの育児戦略

NPO法人ファザーリング・ジャパン著／repicbook（リピックブック）
1,200円＋税

ファザーリング・ジャパンは、世に「イクメン」という言葉が登場するはるか前の2006年に設立され、「父親であることを楽しもう」をモットーに活動してきたNPO法人だ。現代の日本社会で仕事をもつ父親たちが直面するさまざまな課題について、メンバー同士の情報交換や事例収集などを重ね、これまで何冊も本を出している。ここに紹介するのはそのうちの１冊。父親が育児に関わるうえでの考え方や、ハウツー、ファザーリング・ジャパンのメンバーの事例がわかりやすくまとまっている。

章立てはシンプルに時系列だ。

「1　なぜ両立戦略が必要か」――共働き家庭で父親が育児に積極的に参画することの意義をみっちり解説。これでもか！というぐらいメリットがたくさん挙がっていて、これからチャレンジしてみようというカップルにきっと勇気と希望をもたらすことだろう。

「2　我が家の両立戦略を考えよう」――産前・産後の準備に始まり、利用できる制度、家計、ハラスメントへの対応まで、まさに手取り足取り。中でも育児休業制度についてはこの章だけでも20ページ以上を割き、読み応え満点の誌面になっている。たとえば育児休暇を夫婦がどのタイミングでどのぐらいの期間取得するかで「バトンタッチ型」「産後サポート型」などいくつかのタイプに分け、タイプごとに経験者が実名でメリットとデメリットを挙げ、後進へのメッセージを寄せているのが具体的で良い。

「3　育休中の過ごし方」――赤ちゃんの世話の仕方はイラスト入り、月齢別生活リズム、家事シェア、予防接種と健診、産後うつ・パタニティーブルー（育児パパの抑うつ状態）、職場復帰に向けた保育園探しと、これもまた子育て生活の詳細にわたる頼もしい解説。

「4　いよいよ職場復帰」――夫婦それぞれの仕事に保育園の送り迎えを組み込んだ１日のスケジュール、職場とのコミュニケーション、保育園の入園準備に、子どもの病気への備えについても書かれている。そして、夫婦と子どもに、保育園・支援職といったサポーターや時短家事アイテムなども加えて１つのチームとしての家族像を提示。にぎやかで心豊かな生活が思い描けそうである。

「5　復帰後の働き方＆両立テクニック」――パパたちがつくった本ではあるが、いや実際に育児と仕事を両立しているパパたちだからこそ、妻のキャリアや子どもの成長を視野に入れて自身のキャリアについても考える姿勢が徹底している。ここは育児と仕事の両立生活が始まったら何度も立ち返るページになるだろう。

これからパパになる男性たちを一番のターゲットとして編集された本だと思うが、具体的なイメージを共有するためにも、ママもいっしょに読んだほうがいい。ともに子どもを育て、それぞれにキャリアを積んでいくこれからの生活が、なんだかとても楽しそうに思えてくるはずだし、やりがいも感じられるはずだから。

読了して思ったのは、この本をつくったパパたちは職場でも優秀なんだろうなぁということ。それから、仕事のために育児を諦めるなんてもったいない！ということ。　（石川れい子）

PART 4

保育園が見つからない！

子ども・子育て支援新制度のもとでの待機児童問題
――雇用均等政策、育児休業、保育供給体制から考える

下関市立大学経済学部教授　萩原　久美子

再編された保育供給体制と待機児童

日本では子どもの権利としての保育ニーズの充足にも、ましてや親の社会権としての保育ニーズの充足にも政策が成功したことはありません。やや乱暴な言い方ですが、合計特殊出生率反転のための課題として保育所問題が認知されるようになった90年代以降、待機児童解消に関する政策は失敗続きです（図1）。そもそも日本では90年代以降、保育制度と育児休業制度、雇用均等政策との内部連関が女性内部の階層化と就労・両立支援制度からの排除機能を強めてきましたが（文献1）、今や生活保障からのあからさまな排除と格差拡大の装置として固定化されてしまったのではないか。そのような危惧があります。

その理由は後述するとして、その前提として2015年4月からスタートした子ども・子育て支援新制度（以下、新制度）で再編された保育供給体制と待機児童解消の状況について簡単に確認しておきましょう。

3つの区分

新制度導入以前、就学前児童の保育・教育は、主として保育所（児童福祉法）と幼稚園（学校教育法）が対応していました。それに対して新制度は就学前児童や子育てのニーズにかかわるさまざまな施設、サービス・事業を「子ども・子育て支援」として集約した上で、財政支援のありかたや財政支援の対象となる基準をもとに大きく3つに区分しました。「施設型給付」「地域型保育給付」「地域子ども・子育て支援事業」です。

「施設型給付」は幼稚園、保育所（定員20人以上）に加えて、子ども・子育て支援法で新設された認定こども園（4類型）を対象としています。一方、「地域型保育給付」には家庭的保育事業（認可定員1～5人）、小規模保育事業（同6人以上19人以下）、職場等での保育を行う事業所内保育事業、いわゆるベビーシッター派遣にあたる居宅訪問型保育事業があります。「地域子ども・子育て支援事業」は市町村が策定した子ども・子育て支援事業計画に基づき実施するファミリー・サポートセンター事業や病後児保育事業、乳児全戸訪問事業などがあります。

図1　保育所等待機児童数および利用率の推移

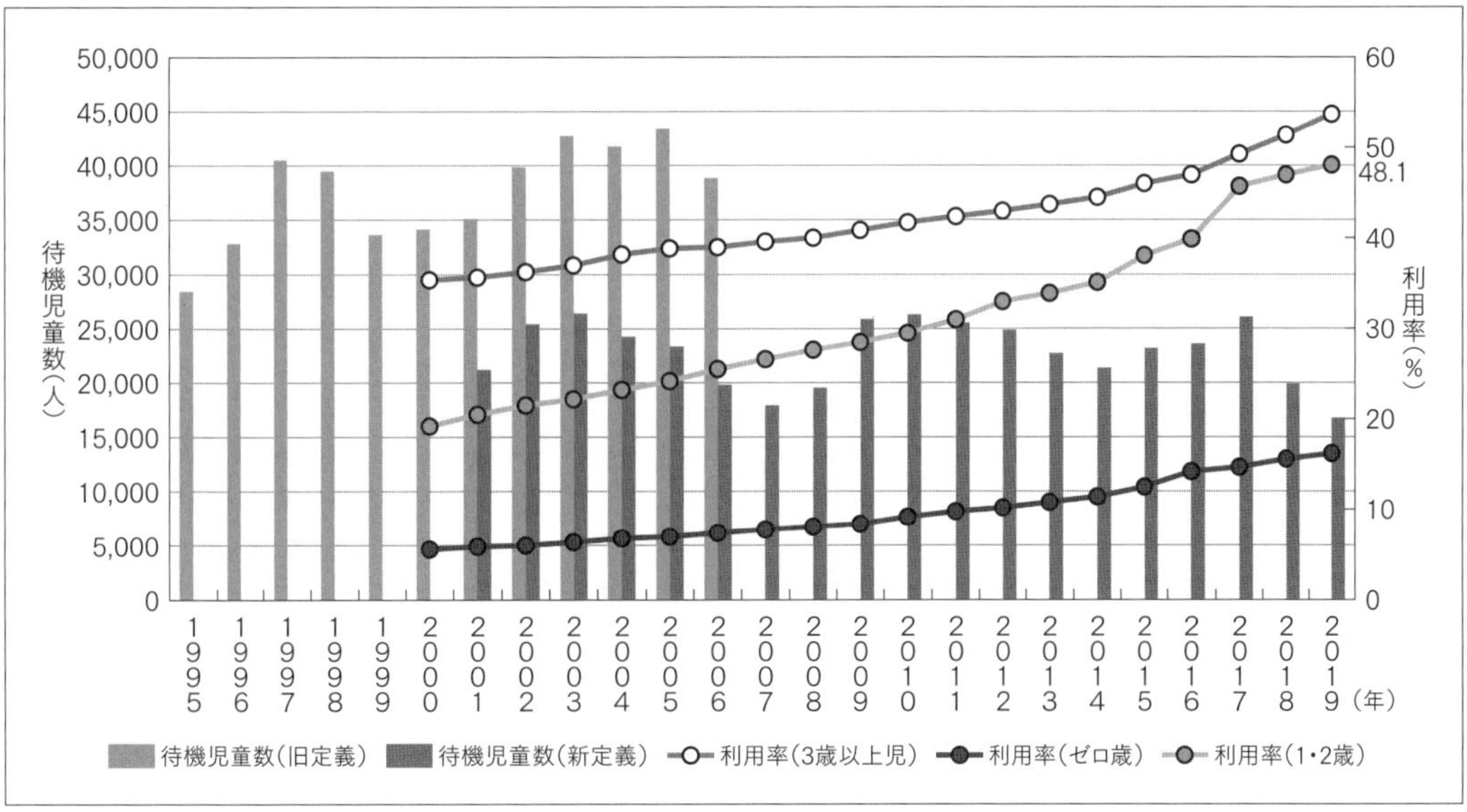

各年4月1日現在
出所：全国保育団体連絡会・保育研究所編『保育白書2018』p.104. 厚生労働省「保育所等関連状況とりまとめ」

■「準市場」の考え方を採用

新制度は「準市場」の考え方を採用したとされています。公的な規制と財源保障のもとで多様な供給主体が多様なサービスを提供することで、一定の競争原理が働く擬似的な市場が登場するので、利用者はその中からよりよいサービスを選び、直接、事業者と契約するという考え方です。この考え方を日本では保育供給体制全体にあてはめ、サービスの実施・提供に市町村が責任を持つ体制から、市町村は管理監督のバックヤードに回り、民間事業者が自由に利用者と契約できる体制への転換と位置づけました。この方針のもと、児童福祉法24条で市町村に実施責任が課されている認可保育所をできるだけ児童福祉法24条の対象ではない認定子ども園への移行を促進することや、市町村が運営する公立保育所を多様な供給主体、とりわけ株式・有限会社の参入によって置き換えることが重視されました。

なかでも小規模保育事業（地域型保育）はその象徴的な事業です。国が定めた職員の資格、子ども一人あたりの施設面積、給食施設や園庭など保育環境に関する基準は多様な供給主体が参入するにあたって障壁になるとの議論の末、小規模保育事業では研修修了者だけでよい（C型）、保育士資格者は半数でよい（B型）等の低い基準での事業類型が導入されました。政府はこの小規模保育事業を待機児童解消の基軸と位置づけ、2015年度の新制度実施を待たずして「待機児童加速化プラン」（2013〜2017年）に前倒しで組み込みました。小規模保育事業には多くの企業が参入しています（表1）。

新制度スタート翌年には新たに企業からの子ども・子育て拠出金を財源とする「企業主導型保育事業」が導入されました。企業の勤務時間にあわせた従業員のための保育施設ですが、定員の半分以下なら地域の子どもも利用できます。当該地域での設置・運営に市町村の審査も認可も必要ありません。法律上は認可外保育施設ですが、国から認可保育施設並みの助成が行われます。保育士の配置基準も緩く、税制上のインセンティブもあり

表1　地域型保育事業の認可件数（2016年4月1日現在）

	許可件数	設置主体（市町村）	社会福祉法人	株式・有限会社	個人	その他	株式・有限会社の割合
家庭的保育事業	958	117	31	13	756	41	1.4%
小規模保育事業	2,429	64	363	1,015	470	517	41.8%
A	1,711	33	290	753	242	393	44.0%
B	595	21	57	237	176	104	39.8%
C	123	10	16	25	52	20	20.3%
居宅訪問型保育事業	9	0	1	6	0	2	66.7%
事業所内保育事業	323	2	87	106	4	124	32.8%

＊その他にはNPO法人、学校法人、一般社団、財団法人、医療法人を含む
出所：厚生労働省「地域型保育事業の認可件数について」（2016年4月1日）

ます。早速に「待機児童加速化プラン」の最終年度に組み込まれました。

■待機児童数を上回る〝定員割れ〟が

その結果、「待機児童加速化プラン」は当初目標を超える定員53万人増を達成しました。しかし、２０１７年にも約２万６０００人の待機児童が発生しました。待機児童解消は約32万人分の受け皿を確保する「子育て安心プラン」（２０１８年度～２０２２年度）に引き継がれましたが、直近の２０１９年にも約１万６０００人の待機児童が発生しました。

注目すべきはこの間、待機児童数をはるかに上回る〝定員割れ〟現象が同時に起きたことです。２０１７年の利用者数は２５４万６６６９人ですが、定員数は２７０万３３５５人で約15万７０００人もの空きがでていますし、２０１９年度も同様に、利用者数２６７万９６５１人に対し定員数２８８万８１５９人で約20万８５００人分が空いています。

小規模保育事業と企業主導型保育事業は決め手になるのか

待機児童の発生と定員割れ現象がなぜ同時に起きるのでしょうか。地域の社会的経済的諸条件と人口学的動態との複合的要因は無視できませんが、なんでも「少子化だから」で片づけてしまうのは都合がよすぎます。２０１８年度、待機児童の受け皿として増員された利用定員11万２２７４人分のうち、約70％は幼稚園・保育所の幼保連携型認定子ども園への移行等に伴うものですが、残りの約3割は小規模保育事業（9・6％）、企業主導型保育事業（23・7％）を通じて行われました。政府が待機児童解消策の方途として、小規模保育事業（地域型保育）と企業主導型保育事業を重視したことに問題はなかったのでしょうか（＊1）。

■都市部では小規模保育事業と企業主導型保育事業に重点

待機児童は地域的に偏在し、年齢層では0～2歳児に集中して発生します。２０１９年度を見ても0～2歳児が全体の約88％を占め、地域では約40％が首都圏、約15％が京阪神に集中しています。都市部の限られたスペースの活用と低コストで小回りの利く小規模保育事業と企業主導型保育事業に重点が置かれました。乳児1人を保育するのに必要だと算定された公定価格の標準基本分（２０１９年度、

20／100地域）だけを見ても施設型給付の保育所（同地域、20人）では24万3860円ですが、小規模保育事業はこの価格よりも低く設定されています。施設基準が最も保育所に近く設定された小規模（A型）で21万7890円、最も低い小規模（C型・15人）で14万9820円です。

表2　定員充足率（施設別）

区分	施設種類	施設数	定員	利用者数	定員充足率
施設型給付	保育所	23,578	2,218,725	2,059,132	92.8%
	認定子ども園（幼保連携型）	5,140	520,647	493,397	94.8%
	認定子ども園（幼稚園型）	1,175	49,745	45,256	91.0%
地域型保育給付	地域型保育事業	6,457	99,042	81,866	82.7%
（参考）	企業主導型保育事業				60.6%

出所：厚生労働省「保育所等関連状況とりまとめ」（2019年4月1日）。企業主導型保育事業は2018年3月の平均定員充足率（内閣府子ども子育て本部「企業主導型保育事業（平成28年度・29年度助成決定分）の検証について（2019年4月26日付け）」）

この方針のもと、2014年利用定員数2万1774人だった小規模保育事業所は2019年には8万1987人と約4倍に。新たに参入する事業者の約半数が営利企業によるものです。企業主導型保育事業も2016年の導入1年目から大量展開し、2019年現在の利用定員数は8万6534人と急成長しました。

■定員割れをしている事業は

ところが、大量に定員割れが起きているのも、この2つの事業なのです。定員充足率を見ると施設型給付施設の保育所で92・8％、認定子ども園（幼保連携型）94・8％、認定こども園（幼稚園型）91・0％なのに対し、地域型保育事業では82・7％、企業主導型保育事業では60・6％です（表2）。地理的な諸条件に左右されるところもあるにせよ、小規模保育事業（地域型保育）や企業主導型保育事業の増設政策と、「準市場」での利用者の選択、選好とのギャップは明らかです。

しかも、厚生労働省が発表する保育所等の利用定員数と利用児童数のギャップは年々、拡大しています。全国レベルでは2016年の約17・5万人レベルから2019年には20・8万人へ拡大し、特に中核都市では同1・4万人から同2・7万人とほぼ倍増しています。重要なのはこの数値に企業主導型保育事業は入っていないことです。愛知県豊田市は中核都市の中で最も充足率が低いのですが（2019年：63・6％）、企業主導型保育事業が20カ所あります。指定都市では最も充足率の低い浜松市（86・3％）には39カ所設置されています（＊2）。これら施設設置について市町村は関与せず、利用者が直接契約するため、利用実態は把握できていません。

■営利企業の参入はさらに進む

企業にとっては1、2歳の年齢層にはまだまだ掘り起こせる需要も存在します。2019年の段階で、1、2歳児の保育等利用率は48・1％（2019年）です。これは1990年のデンマークの公的保育制度の利用率と同じレベルで、仮にその10年後のデンマークの利用率を目安とすると80%程度になります（文献4）。保育分野には２０２０年度予算ベースで１兆６０００億円規模（教育・保育給付等、企業主導型保育事業）の公的資金が流れ込み、企業の参入も奨励されています。参入障壁が低く、国や市町村から助成される運営費を保育事業以外に使ってはいけないという使途制限がないとなれば、企業経営にとって見逃せない事業領域です。

ただし、この領域に営利企業を中心とする参入が相次ぐことで、「保育士資格がなくてもだれでも保育はできる」「園庭がなくても、自園調理でなくても大丈夫」とその低い設置基準での保育実態をもって保育基盤の溶解が進むかもしれません。すでに8%から10%への消費税増税分を国家が「幼保無償化」につぎ込んだ今、保育園の運営費となる国の公定価格そのものが大幅に引き上げられることは考えにくく、経営側にとっては人件費の抑制と追加サービス名目での上乗せ徴収が収益構造を支えるようになることも予想されます。事実、これら施設の中には経営の見通しの甘さから閉鎖する事例もあり、企業主導型保育事業では助成金の不正受給や詐欺事件での逮捕者すら出ました。

二者択一を迫る仕組み
——階層化と排除

新制度下での待機児童解消策は、女性が子どもを持ち働くという経験にどのような影響をもたらすのでしょうか。最後に、新制度の保育供給のありかたを雇用均等政策、育児休業制度との関係の中において考えてみたいと思います。

親であること——つまり子どもを持つことには2つの行為が付随します。経済的担い手（エコノミック・プロバイダー）とケアの担い手（ケアリング・プロバイダー）としての行為を指します。この時間的にも空間的にも相矛盾する2つの行為を一人の人間が安定的に調整する前提として、雇用均等政策が問題となります。その土台の上で、有償労働からの解放とケアからの解放が同時に保障されなくてはなりません。しかし、残念ながら、日本では育児休業制度（有償労働からの解放）と保育（ケアからの解放）と男女雇用機会均等法がそれぞれに内包する雇用形態による排除と階層化機能が結びつくことで、女性が職業生活と家族生活とを安定的に組織化することを困難にしてきました。

■「雇用管理区分」が均等法を形骸化

均等法の成立（１９８５年）は、労働基準法に性差別禁止が明文化されていない日本で働く女性にとって重要な出来事でした。しかし、均等法にはジェンダー差別と排除の仕掛けが組み込まれました。同法の運用指針に盛り込まれた「雇用管理区分」という考え方です。指針は男女間の処遇格差を雇用上の性差別として問うには、総合職同士、一般職同士、パート同士というように同じ「雇用管理区分」でなければならないとしました。

この「雇用管理区分」が均等法を形骸化しています。男性正社員との差別を問えない女性労働者が厚みを増したのです。正規雇用者数は１９９５年の３７７５万人をピークにその後は３４００万人前後

図2　非正規従業員数の推移と性別構成の推移

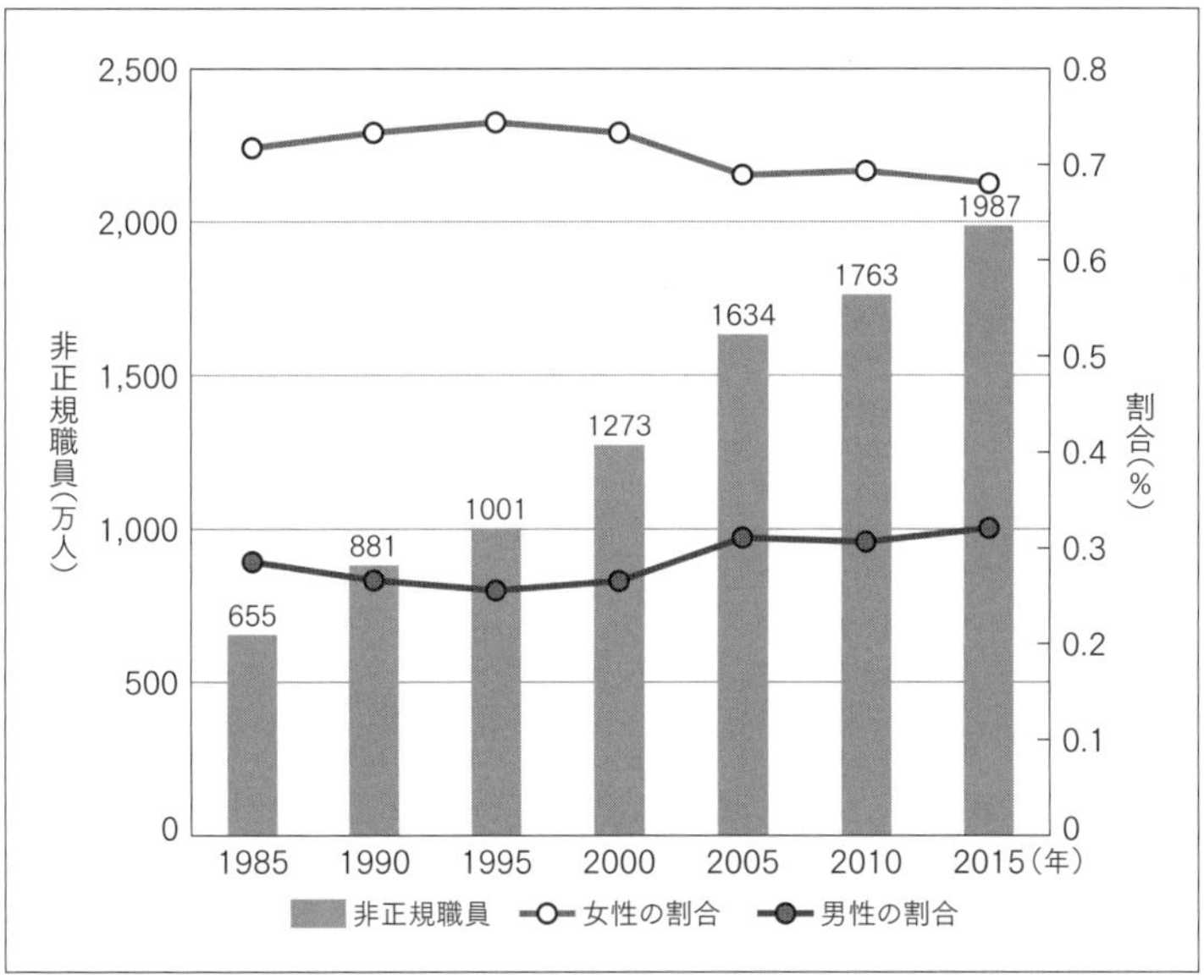

出所：1985以降：総務省「労働力調査特別調査」（各年2月）、総務省2012年：総務省「労働力調査」（詳細集計、年平均）、2013年以降：総務省「労働力調査」（基本集計、年平均）、役員を除く

で推移していますが、派遣労働の規制緩和や平成不況の中で、非正規雇用者数は１９８５年の６５５万人から１９９５年には１０００万人台へ、２０１８年には２１２０万人へと爆発的に増えました。ところが、１９８５年以降、現在に至るまで正規雇用者の男女比は男性７対女性３、非正規雇用者では男性３対女性７という就労構造には変化がありません（図２）。賃金や労働条件での大きな男女格差はなかなか是正されず、国民年金第三号被保険者制度（１９８６年）、配偶者特別控除（１９８７年）の影響もあり、雇用と連動した女性内部の階層化とジェンダーによる雇用の棲み分けが固定化されました。

■雇用形態により活用が制限される育児・介護休業法

この「均等法体制」の第一フェーズにおいて、育児休業法が成立（１９９１年）します。育児休業法の施行によって産後休暇の後、子どもが1歳になるまで「有償労働からの解放」を可能としたのです。しかし、育児・介護休業法はフリーランス、自営業や自営業の妻（被雇用者を除く）を対象としておらず、育児休業取得中の所得保障（育児休業給付金）も雇用保険の加入者のみを対象としています。２００５年改正でパートなど期間雇用労働者も取得可能になりましたが、子どもが1歳に達する日を超えての労働契約期間を求めるなど条件は厳しく、従業上の地位、雇用形態の違いで制度へのアクセスは制限されています。

■保育への財政投入が抑制された結果、待機児童が急増

一方、80年代、家族を福祉供給の含み資産と位置づける日本型福祉社会のイデオロギーによって窓口で入所者を絞るといった保育供給の選別制が強化されました。また、臨調・行革路線によって保育への財政投入が抑制されました。均等法、育児休業法の施行で女性の職場への定着が予想されるにもかかわらず、80年代、90年代を通して保育所数約2万２０００カ所、定員約２００万人で維持されました。その結果、90年代半ばに待機児童4万人台時代へと突入していきます。日本の公的保育制度は原則として保護者の雇用形態や従業上の地位は問わない制度ですが、供給量の決定的な不足のため、入所選考基準が雇用形態、労働時間等で厳密化される結果となりました（＊３）。

ジェンダー内部、ジェンダー間の格差を再生産

このような雇用平等政策と育児休業制度と保育との内部連関は、エコノミック・プロバイダーとケア・プロバイダーとの連結を不完全なものとしてきました。雇用形態や従業上の地位によって各種制度へのアクセスから排除される層を生み出し、出産、乳児のケア、復職後の育児という各プロセスで、ケアと有償労働、とりわけケアと雇用労働とを対立的なものとして個人に選択を迫り、ジェンダー内部、ジェンダー間の格差を再生産してきました。このプロトタイプはその後も大きく変わっていません。

待機児童問題で見失ったものは——再度のチャレンジを

雇用均等政策は正社員中心モデル

このプロトタイプには、もうひとつ、同一事業所での一貫・就業継続モデルを基調としているという特徴があります。産休・育児休業の利用、復職後は保育サービスと職場での短時間勤務制度とを組み合わせ、就学後は学童保育で——という各種制度の「切れ目ない」制度利用の想定は正社員中心モデルです。

すでに見たように、このモデルは女性の労働・雇用形態の現状とは整合しません。雇用均等政策は「女性活躍推進法」の制定等、女性正社員を主たる対象とする職場のジェンダー平等の底上げへと動き、育児休業制度も「パパママ育休プラス」の導入など両親「共育」の強化が図られています。女性正社員であってもこの波に乗るには企業内の選抜構造を生き抜く必要があり、言うまでもなく女性非正規雇用労働者や現在、政府が推進するフリーランスや兼業・副業など「雇用によらない働き方」とは連動しません。ここに、保育の役割とその供給体制の重要性が再浮上しているのです。

ところが、待機児童が解消されないまま、1、2歳の年齢層の掘り起こし需要をにらんでの「市場化」が進行しています。施設型給付の保育施設へのアクセスは以前にも増して雇用形態や労働時間で細かく優先順位が付けられ、就労時間や雇用先が安定しない脆弱な雇用形態にある人の優先順位は低くなりがちです。その人たちが設置基準の低い保育を受けることになるのは皮肉です。

遠ざかる生活保障としての保育供給

企業主導型保育事業による保育提供には、その企業の経営状況と雇用契約に依存した保育供給という側面を持っています。1995年の阪神大震災以降、様々な大災害が日本を襲いました。2009年のリーマンショック、2011年の東日本大震災。さらに2020年のパンデミック以降も起きるだろう大規模な変動に、国が待機児童解消の軸とする小規模保育事業や企業主導型保育事業の経営が耐えうるでしょうか。日本のケアと有償労働の基盤を維持できるのでしょうか。

厳格な実施責任と安全が保障された頑健な保育の基盤整備が今こそ求められています。しかし、新制度を通じて生活保障としての保育供給は遠ざかり、育児休業制度、雇用均等政策との内部連関が新制度を通じて雇用形態、従業上の地位、

所得による階層化と排除を固定化する方向へと向かっているのではないか。これが冒頭で述べた危惧なのです。

■排除を弱めるために

この内部連関が生み出す排除をどうすれば弱めることができるのでしょうか。新制度が後戻りすることはありませんが、それでもターゲットはあります。ケアからの解放を保障するためには、たとえば実施責任と保育保障が明確な公立保育所・公立幼稚園を地域のセーフティネットとして手放さないことです。保育所の設置基準に近い小規模保育事業（A型）については市町村が整備することも一案です。賃金水準を守る上で、保育士等を含めた福祉職最低賃金の創設運動も必要でしょう（文献3）。

有償労働からの解放をできるだけ多くの人に保障するために、労働基準法で規定された産後休業期間（8週間）を長期化することも考えられるでしょう。産後休業は正規／非正規の雇用形態や雇用期間にかかわらず誰でも取得できます。見落とされがちですが、労働基準法の育児時間規定の見直しも必要です。「生後満1年に達しない生児を育てる女性」のみを対象とする規定を男性にも、そして対象期間を拡充することが求められます。産後休業も育児休業も取得できない自営業・フリーランスの出産育児一時金を増額し、所得保障を充実させることも考えられます。

振り返れば、待機児童解消を理由に、日本の政府は戦後長い時間をかけて保育士と現場が培ってきた保育への信頼をいとも簡単に切り捨ててきました。待機児童問題の向こうにかすむ「働く」「暮らす」「育つ」という営みの豊かさを取り戻す議論を始めるときだと思います。

【注】

（＊1）小規模保育事業にはよい面もある。新制度導入以前、認可保育所の基準に達していない、いわゆるベビーホテル等の施設は待機児童の受け皿となりながらも認可外保育施設として公的財政投入の対象にならなかった。新制度後、認可基準を満たした保育施設は小規模保育事業として公的財政投入の対象となった。

（＊2）企業主導型保育事業数は児童育成協会『企業主導型保育事業助成一覧（平成31年3月31日付）』参照。

（＊3）1970年代の保育所整備計画で増設された認可保育所は10年間で約8000カ所、定員約94万人増であった。これに対して本格的な待機児童解消策の第一弾とされる「待機児童ゼロ作戦」（2002～2004年度）以降、新制度導入前年にあたる2014年度までの12年間で増設された保育所は約1800カ所、定員約33万人増であった。

【文献】

1 萩原久美子「「両立支援」政策におけるジェンダー」『社会政策のなかのジェンダー』木本喜美子、大森真紀、室住眞麻子編著、明石書店、2010年
2 萩原久美子「「ワーク・ライフ・バランス」をめぐる二つの世界」『女性学』第19号、2012年
3 萩原久美子「保育供給主体の多元化と公務員保育士：公共セクターから見るジェンダー平等政策の陥穽」『社会政策』第8巻3号、2017年
4 Ellingsæter, A. L. and Leira, A. eds. (2006) *Politicising Parenthood in Scandinavia: Gender Relations in Welfare States*, The Policy Press.

プロフィール
萩原久美子（はぎわら・くみこ）
下関市立大学経済学部教授（労働社会学、社会政策とジェンダー、人事労務管理論）。主著に『迷走する両立支援―いま、子どもをもって働くということ』『「育児休職」協約の成立―高度成長期と家族的責任』『労働運動を切り拓く――女性たちによる闘いの軌跡』（共著）等。

【保育園の現場から】

保育士不足や待機児童……数字を見るだけでは解決できない問題がある

お話をうかがった方

市川市会計年度任用職員労働組合書記長
公立保育園の給食調理員
佐藤 久美子さん

■正規職員と非正規職員が混在する保育園の現状

「保育園が足りない」といわれるものの、そこに働く人がいる以上、機械的にどんどん増やせるものでもありません。実際、保育園ではどんな人たちがどんな形で働いていて、どんな課題を抱えているのか、そこを見ないとこの問題を解決することはできないでしょう。

「保育の現場は今、本当にギリギリなんですよ。職員の数でも、待遇の面でも、気持ち的にも、みんなパツパツの中で働いています。それは正規職員も非正規職員も同じです」

そう話すのは、千葉県の「市川市会計年度任用職員労働組合」の書記長であり、公立保育園でフルタイムの「会計年度任用職員」（＊1）の給食調理員として働く、佐藤久美子さん。佐藤さんが働いている職場や、労組の書記長としての見聞をもとに、保育の現場で働く人々の現状について聞きました。

佐藤さんが勤務するのは、園児数100人弱、職員が約35名の中規模保育園。保育士は18名プラス短時間職員が登録制で数名、栄養士と看護師が1名ずつ、給食調理員が3名、あとは園長と主任がいます。

佐藤さんが勤務する職場の場合、保育士は、短時間職員を除けば1名以外正規職員（その中に任期付職員が3名、再任用職員が3名）。栄養士と看護師も正規、給食調理員3名は非正規（＝会計年度任用職員）とのことです。意外と非正規職員が少ないですが、これには保育園の民営化の問題が絡んでいます。

小泉内閣時代の2001年ごろから始まった民営化の波が、保育行政にもやってきています。市川市でも私立の保育園は増えていましたが、いよいよ2023年度からは公立保育園の民営化がスタート。民間委託され、公設民営となります。それを踏まえて、2020年度は新規職員採用をしておらず、非正規の代わりに再任用職員が増えているのだそうです。0歳児の受け入れをしない園も増えて、職員数が減っているのです。この民営化に際しては、正規の保育士の異動や、非正規職員の雇い止め、職員の待遇の悪化、保育の質の低下などが懸念されています。

（＊1）2020年4月から地方公務員法および地方自治法の一部が改定され、地方自治体の非常勤職の多くが新設された「会計年度任用職員」に移行された。フルタイムとパートタイムの働き方がある（図1参照）。

■会計年度任用職員になって変わったこと

2020年4月に始まった会計年度任用職員制度によって、

非正規職員の働き方も変化しています。それまでいわゆる〝週35時間非常勤〟だった非正規の保育士が、フルタイムの会計年度任用職員になりました。

　今までの非常勤職員は、1日の勤務時間が常勤職員より30分短かったために、朝のミーティングに15分遅れで参加し、保護者が迎えにくる時間に退勤しなければいけないという問題がありました。それがフルタイムの会計年度任用職員になったことで、常勤職員と同様、週38時間45分働くことができるようになったのです。

「フルタイムの会計年度任用職員になった保育士に聞いたところ、ミーティングに最初から参加できることで雰囲気もわかるし、保護者のお迎え時に『これを伝えてね』と他の人に託すよりも自分の口から伝えて、お母さんの安心した顔を見られることで、自分も安心できる。すごくやりがいを感じると話していましたね」

　一方で、正規職員ではない会計年度任用職員に責任を負わせすぎている部分もあるのでは、とも言います。給食調理員として働いて16年目の佐藤さんは、今回初めて3人の調理員全員が非正規という状況に。これまでは正規職員の指示で動くことが多かったのが、自分たちの判断で動かなければいけない場面が増えたそうです。

「栄養士さんが休みの場合、私が給食のリーダーなので、給食が終わるまでアレルギーを出さないように、誤食を出さないようにと、責任を負わなければいけない。通常の業務だけでも手一杯の状況に、この責任が乗ってくるので、本当にギリギリ。給料の安い非正規に任せすぎではと感じる部分もあります。保護者の方々から見たら、正規か非正規かはわからないですしね」

　どういう働き方をしたいかは個々の事情によって違うでしょう。しかし、少なくとも労働に対して適切な対価を受け取れる制度運用が望まれます。また、会計年度任用職員は1年ごとの任用であるため、必ず来年度もこの仕事があるとは限らず、雇

図1　会計年度任用職員とは(常勤職員と臨時・非常勤職員との関係)

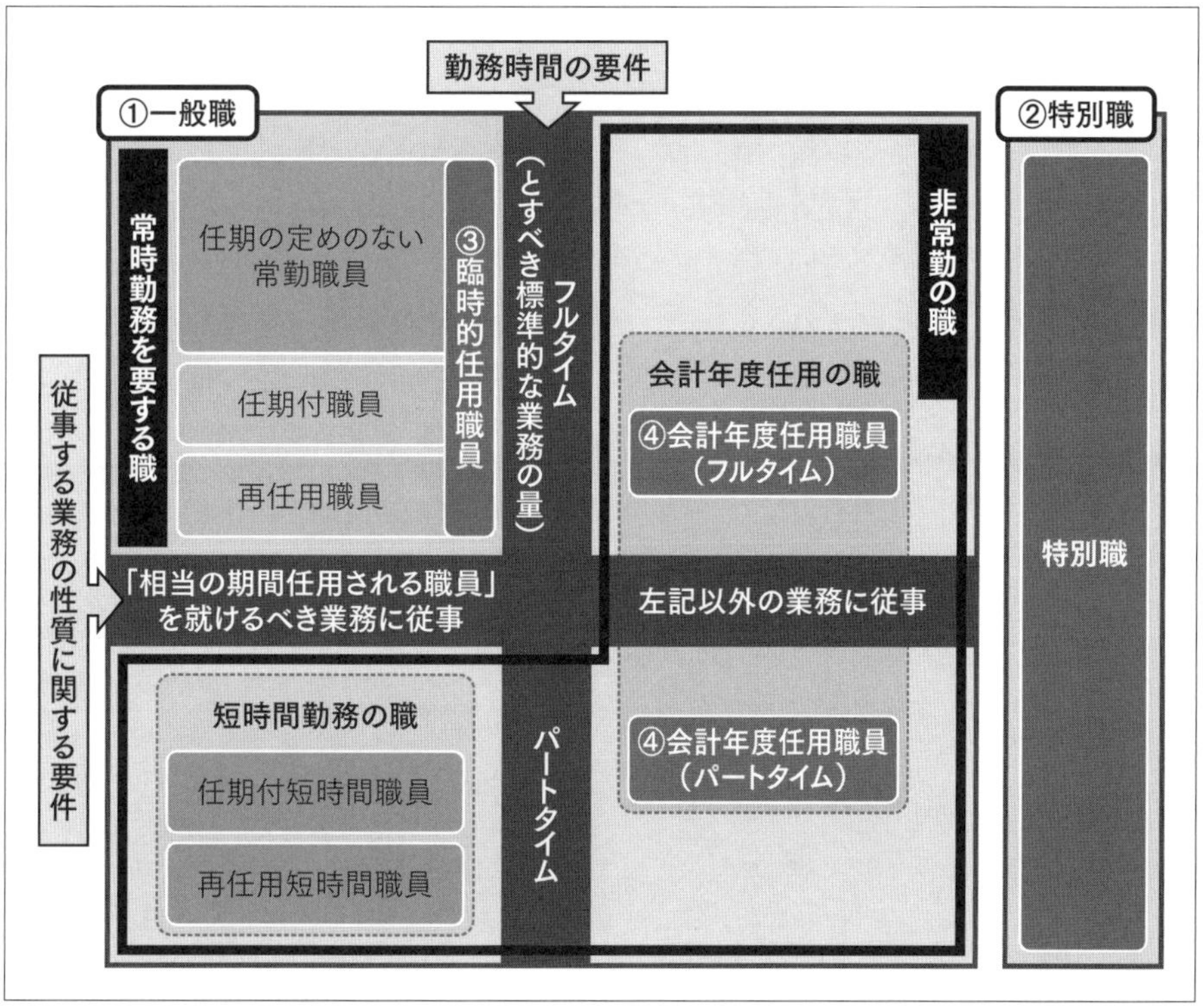

出所：総務省自治行政局公務員部「会計年度任用職員制度について」

用不安を抱えているという問題も見過ごすことはできません。

■待機児童が減っても〝3歳児の壁〟が問題に

厚生労働省では2008年から「待機児童ゼロ作戦」を推進しており、待機児童ゼロの達成を発表する自治体も増えています。市川市でも、2019年4月時点で、昨年度より待機児童が半減したと発表しています。内実はどうなのでしょうか。

市川市では、0~2歳児しか預からない、マンションの一室などで営む小規模な「(満3歳)未満児園」(小規模保育事業)がどんどん増えています。それにともなって0歳児分のキャパシティは十分とみなされ、公立保育園では0歳児枠を減らしていっているそうです。一見、待機児童問題は解決に向かっているようにも見えます。

「でも、今大きな問題になっているのが〝3歳児の壁〟。市川市では今、幼稚園離れが進んでいて、何年か前から閉園するところも出てきています。というのも、働くお母さんが増えてきて、基本的に9~14時の4時間しか預からない幼稚園の需要が少ない。認定こども園もできていますが、保育士と幼稚園教諭の専門分野の違いもあって、少子化が進んでいる地域以外、幼保一体化も進んでいません。そうなると、もう保育園頼みになると思うんです。

ただ、『未満児園』が増えたとしても、幼稚園に上がる3歳になると、再度保活しなくちゃいけない。また、きょうだいがいる場合、同じ保育園に預けないと送り迎えができない人も多いので、いくら『未満児園』が増えても子どもを預けられないケースも多々あります」

同様の問題は他の自治体でも起きているようです。神奈川県横浜市でも、待機児童数が全国ワースト1位のところから、2012年に待機児童ゼロを達成したと市長が発表して注目されました。しかし、園庭にまで園舎をつくり、子どもたちの遊び場や日の当たる場所も削ってまで、見かけの〝待機児童ゼロ〟を達成すればそれでいいのでしょうか。待機児童が減っても、保育の質が低下しては意味がありません。

■子どもを預けられず保育士が働けない悪循環も

公立保育園の場合、保育士自身が働く園に、自分の子どもを預けることができないという決まりがあります。待機児童の問題は、保育を担う保育士自身が自分の子どもを預ける保育園を見つけられず、働くことを諦めざるを得ない状況にもつながっています。

特に非正規の場合、育休がとれたとしても、預け先がないため育休から復帰できず、辞めざるを得ない人も少なくないと言います。親に預けたくても、保育士の親も若いとまだ働いていて預けられないというケースも。高額料金の保育ルームに預けようものなら、保育士の時給より預ける費用が高くなってしまい

図2　市川市の地域型保育事業の種類

家庭的保育事業	家庭的な雰囲気のもとで、少人数(定員5人以下)を対象にきめ細やかな保育を行う。対象年齢:生後6カ月の0歳～2歳。保育場所は家庭的保育者の居宅。
小規模保育事業	少人数(定員6～19人)を対象に、家庭的保育に近い雰囲気のもと、きめ細やかな保育を行う。対象年齢:0歳～2歳。保育場所はマンションの一室等。
事業所内保育	会社の事業所の保育施設などで、従業員の子どもと地域の子どもを一緒に保育する。
居宅訪問型保育	障害・疾患などで個別のケアが必要な場合や、施設がなくなった地域で保育を維持する必要がある場合などに、保護者の自宅で1対1で保育を行う。

出所:いちかわっこWEB(ichikawa.ikuji365.net/contents/hp0061/index.php?No=35&CNo=61)より

ます。1年ごとの任用である会計年度任用職員の場合、復帰できなければ任期満了として切られかねません。

　また、私立保育園の場合、妊娠・出産・育児を機に辞めざるを得なかった保育士が、また復職しようとしても正規の採用がないこともあり、非正規で働くケースもあります。これでは、望む人が正規で働けず、どんどん非正規職員が増える悪循環に陥ってしまいます。

「保育園で働く保育士も、1人の親。立場が違っても、みんな同じことで悩み、苦しんでいるんですよね」と佐藤さんは言います。

■保育士の人員不足は保育の質の低下を招く

　保育園では、園児の年齢によって保育士の配置基準が法令によって定められています。0歳児はおおむね子ども3人につき保育士1人以上、1・2歳児は6人につき1人以上、3歳児以上はおおむね20人につき1人以上を配置しなければならないとされています。ただし、これはあくまでも最低限の人数です。佐藤さんの勤務する保育園では、フリー保育士が数名いることで、誰かが急きょ休んだときでも柔軟に対応できます。しかし、保育士不足や人件費削減のために最低限の人数しかいないとなると、体調が悪くても休むこともできなくなってしまいます。

　また、小規模保育などでは、有資格の保育士の配置割合基準も緩和されています。

「他市の話ですが、保育を勉強中の学生アルバイトも、今後採用することを前提として、保育士1人分としてカウントしていることもあるようです。でも命を預かる仕事なので、経験20年のベテラン保育士と学生が同じ1人としてカウントされるのは、働いている側としても非常に危険だと感じるという話を聞きます」

　保育士の人員不足は保育士自身を苦しめるだけでなく、保育の質の低下につながります。そして最終的には、いちばん弱い立場の子どもたちにしわ寄せがいってしまうのです。

■保育士不足解消には待遇の改善が不可欠

　保育園が足りず待機児童問題がなかなか解決しない理由の一つに、深刻な保育士不足があります。そこには、業務内容の専門性の高さや大変さにもかかわらず、保育士の待遇がよくないことが関係しています。

「私の次男も保育士養成の大学を出ていて、保育実習にも行ったんですが、保育士の道には進みませんでした。なぜかと聞いたら、『生身の子どもを朝お預かりして、帰りに普通に帰すという仕事は、すごく大変。それなのに、同年齢・異業種と比べると月収が10万円ぐらい低い。すごく責任のある仕事だと思うと、割に合わないよ』と。

　保育士養成の学校を出ても、実際に正規職員として責任あるポストに就く人は半分ぐらいといわれています」

　また、研修や報告書など事務マニュアルの多さも、保育士の首を締めています。現在、乳幼児突然死症候群（SIDS）の予防・対策のため、0歳児は5分ごと、1〜2歳児は10分ごとに睡眠時の呼吸チェックを行っており、園児の午睡中でも気が抜けない状況があります。その隙間を縫って、暗い中でパソコンを使って資料作成をする作業も求められるのです。

　さらに、時代の変化によって、以前には保育園の方針を尊重してくれる保護者が多かったのに対して、最近では保護者の側がトラブルを恐れて保護者の要望に合わせてしまいがちだと言います。

　人の命にかかわる仕事であり、

子どもや保護者とのコミュニケーション能力が問われる点でも、高度な専門性が必要な保育士。それにもかかわらず待遇は悪く、負担ばかりが増え、現場で働いている人の気持ちが置き去りにされてしまっている状況が見えてきます。この状況を改善しない限り、待機児童問題の根本的な解決は難しいでしょう。

■働きやすい環境は自分たちで勝ち取るしかない

このようにさまざまな問題を抱える保育士の労働環境ですが、現場が声を上げない限りは改善されていきません。市川市の公立保育園で働く保育士、栄養士、調理員、看護師等（正規職員を除く）で構成される「市川市保育関係職員労働組合」（当時）では、当事者が自治体に現場の声を伝えることで、よりよい条件を勝ち取ってきました。

「市の職員が現場を視察に来ても、数分見てもらって、状況を伝えるだけでは、『大変ですね』で終わってしまいます。それでは意味がありません。

たとえば他市では、1日6時間勤務の契約なのに毎日恒常的な残業をして、正規職員と同じ時間働いているけれど、6時間でタイムカードを切らされるということもありました。この場合、タイムカードの記録資料か、無理ならメモでいいから書き残しておいてもらう。その実績をもって、今回の会計年度任用職員制度に変わるときに、フルタイムとして認めさせたんですよ」

その他、会計年度任用職員制度に変わるタイミングで、パート職員にも子の看護休暇や介護休暇、これまでフルタイムの職員にしか適用されなかった病気休暇も、年間10日以内で特別休暇として取得できるようになりました。佐藤さんたちの働きかけで、市川市の会計年度任用職員の待遇はかなり改善されてきています。

ただ、同じ千葉県の中でも、夏季休暇が市川市の3分の1しかない市があるなど、自治体によって差が出てしまっているのが現状です。ある市では、公立保育園が60園あって働き方が多岐にわたるため、要求の集約が難しいなどの課題もありますが、各自治体で現場から声を上げていくしかありません。

「保育士でも誰でも、一番大事なのはやはり自分の身体で、次が家族、そして仕事ですよね。自分や家族、そして仕事を守るためにも、現場から声を上げていかないと何も変わらないです」

（取材・文／山賀沙耶）

プロフィール

佐藤久美子（さとう・くみこ）
2006年より、市川市保育関係職員労働組合（現・会計年度任用職員労働組合）で執行役員となり、翌年書記長に就任。自治労の臨時非常勤等職員協議会の全国幹事を3年間務め、現在は、千葉県本部の執行副委員長の役員も担っている。

新型コロナウイルス感染拡大下での組合の働き

【話し手】佐藤 久美子さん

新型コロナウイルスの感染対策のため、全国の小中学校、高校、特別支援学校は3月2日から臨時休校するよう要請されました。しかし、（2020年3月末現在）幼稚園や保育園、学童保育は対象から外れ、市川市では学童と保育園は開園するので、何が何でも出勤するようにと言われています。2019年の台風15号と19号のときもそうだったのですが……。組合は、「職員のリスク管理はどうなるのか」と話をして、そこを早急に整えてほしいと要求しています。

開園して保護者が預けにくる以上、誰かがいなくてはいけません。預けるときは登録制ではないので、実際子どもが何人来るかもわからない状態です。来る予定だった子が来なくて0人ということもありますが、開けた以上最後まで開けておかなければいけません。もし子どもが1人しか来ない予定でも、公立の保育園では、保護者に「明日、ほかに誰も来ない予定なので休んでもらえませんか」とは言えません。

新型コロナで休校になったとき、小学校低学年の子どものいる保育園の職員が、子どもが家にいるのに保育園に来なきゃいけなくなった。学童にも登録していないし、習い事にも行かせられない。近所の人に預けていたら子どもがケガをしてしまったという事件がありました。そういう場合の補償は誰がするのかについて、市川市では組合が要求して、本人が感染した場合と陽性者と濃厚接触した場合、休校になった子どもをみなくちゃいけない場合は、「職務専念義務の免除（職免）」とか特別休暇という形できちんと給料が出るということに、いち早くなりました。正規、非正規にかかわらず、です。

保育士の人員に余裕がないと、もし仮に職員が具合が悪くても、現場が大変だからと無理に出勤してしまって、園内で感染を広げてしまうリスクもあります。保育園でもし感染者が出た場合、保育園は休園になります。職員自身が濃厚接触者になったときも2週間出勤できなくなってしまうので、そういう場合も休業補償をしてもらえることになりました。とはいえ、もしそういうことが起きると、みんな気持ちが落ち込んでしまいます。こういうときのためにも、まずは自分の身体、そして家族を大切にできる労働環境づくりが必要だと思います。

（まとめ／山賀沙耶）

【追記】

その後、4月20日から、私立保育園は全園休園、公立保育園は半分の11園で、医療、警察、消防などに従事する保護者の子どもを優先的に預かることになりました。しかし、ふたを開けてみると、働かないとクビになってしまうからと預けに来る保護者がいる一方で、預かる側の保育士も慣れない環境で子どもをみないといけないなど、保護者、保育士、そして子どもにも大きな負荷がかかっている状況です。近隣の市から通っている保育士が、自分の子どもを預けていた保育園が休園したため、預けるところがなくて困っているとの話も聞きますが、小中学校の子どもを持つ職員と妊娠中の女性職員への配慮については、早い時期に組合が要請し、非正規職員も含め、特別休暇（有休）をとれることになりました。

探る・深める

すべての幼保施設に無償化を

——朝鮮幼稚園の排除は「多文化共生社会」に逆行

大学非常勤講師
梁　聡子

幼児教育・保育の無償化制度とは?

２０１９年５月17日、改正「子ども・子育て支援法」が公布され、２０１９年10月１日から幼稚園、保育所、認定こども園等を利用する子どもたちの利用料を無償化する施策が開始されました（以下、幼保無償化）。日本政府は施行の理由として、（1）少子化の原因の一つとなっている高額な教育費の軽減、（2）すべての子どもたちへの質の高い教育を受ける権利の保障等をあげています（＊1）。

周知の事実ではありますが、背景には、日本社会において次世代を育成するための経済、制度、社会理解などが著しく乏しく、今以上に、幼少期の社会保障の充実が求められていました。これらを達成することによって、日本社会に生きる人々が、子育てをあきらめたり、子育て中心の人生から解放されることが期待されていました。さらに、財源が「消費税」であることも手伝い、社会全体で次世代を育てる社会制度として注目を浴びました。何よりも、子育て世代にとっては、悲願の制度だったことは言うまでもないでしょう。

何が問題なのか?

しかし、「すべての子どもたち」に権利を保障すると日本政府はいうものの、現行の無償化制度からは幼児教育施設全体の０・２％にあたる外国人幼保施設88施設（そのうち40施設が朝鮮学校幼稚園）が排除されました。朝鮮学校は高校でも排除され、幼児教育・保育からも排除されています。

政府は除外の理由について、外国人幼保施設では幼児教育の質が制度的に担保されているとは言えないからだとしています。しかし、今回の幼保無償化は、幼稚園、認可保育施設、認定こども園、地域型保育（小規模保育、家庭的保育、居宅訪問型保育、事業所内保育）、企業主導型保育事業（標準的な利用料）、ベビーホテル、ベビーシッターなども対象となっています。それにもかかわらず、長年の保育・教育実績がある各種学校の附属幼稚園を一律に除外するのは整合性に欠けるばかりか、差別的な意図さえ読み取れます。また、外国人幼保施設ばかりではなく、他にも独自の教育方針で運営する「幼稚園類似施設」などさまざまに制度適用外になる事例が指摘されています。

これは明らかに、「子どもの権利条約」（1990年に国際条約として発効。日本は1994年4月22日に批准、同年5月22日に発効）の精神に反するものであり、幼児教育の公平性を著しく損なうとともに、日本社会の多様な幼児教育・保育に分断をもたらすだけでなく、当然ながら経済的に排除される人々をうみだします。

そして、何よりも懸念されるのは、子どもたちが幼児期に当該社会の政府から、受けられるはずの社会制度から差別的に排除され、またそれについて何も社会が対応してくれないことを経験することです。特定の子どもたちに「自分たちはこの社会において正当なメンバーシップを認められていないのだ」という感覚をもたらし、被差別意識や自己肯定感の低下などを招きかねず、彼ら／彼女らの未来に障壁を設けることになることが予想されます。

日本政府は、直ちに除外措置を取り消し、すべての幼保施設に無償化を適用し、平等な環境を構築すべきです。

ジェンダー平等の根底は人権

ジェンダー・フェミニズム運動は、長い間、ジェンダー平等な社会の実現には、幼児教育・保育の充実が不可欠だと主張してきました。実際、女性労働と幼児教育・保育をテーマとした研究が数多くなされてきましたし、労働現場では産前産後休暇、育児休業など子どもを生み育てることに対する権利を認めるように求め

表1　幼保無償化をめぐる主な動き

2014年	幼児教育・保育の無償化、段階的に実施。
2017年12月8日	消費税10％増税に合わせ、制度を全面実施する方針決定。（当時は適用対象を認可施設に限定）
2018年1月～5月	対象外とされた認可外保育施設、ベビーホテル、幼稚園類似施設を対象に無償化措置の対象範囲などに関する検討会が開かれる。
5月31日	検討会報告書が発表。待機児童解消の観点から認可外保育施設も対象となる。各種学校認可の外国人学校幼児教育施設は、検討会に呼ばれず報告書にも言及なし。
11月28日	文部科学委員会で笠浩史衆議院議員が「インターナショナルスクールあるいは朝鮮学校で幼児教育に当たる施設はどのくらいあるのか、幼保無償化の対象となるのか」について質問。「2018年5月時点で88校、うち朝鮮学校は40校。対象にするのか、しないか、そういったことにつきましては検討中」（永山賀久文科省初等中等教育局長）と回答。
12月28日	「幼児教育・高等教育無償化の制度の具体化に向けた方針」（関係閣議決定）
2019年4月5日	「児童福祉法試行の一部を改正する省令の交付について（厚生労働省子ども家庭局長通知）」各種学校が幼保無償化の対象外と記載。
5月10日	幼保無償化の根拠法「改正子ども・子育て支援法」が成立。
10月1日	幼保無償化開始。
12月10日	日本政府・幼保無償化の対象外だった「幼児教育類似施設」の一部が国の支援を受けるための費用として2020年度予算に2億円を計上。

（出典：「別冊・月刊イオ　外国人学校幼稚園にも『幼保無償化』を！」編著：月刊イオ編集部／「幼保無償化を求める朝鮮幼稚園保護者連絡会」朝鮮新報社、2020、p11より）

る労働運動を展開し、多く権利を獲得してきました。また、誰もが障壁なく働くためには、子どもを安心して預けられる場所の設置を行政に求めてきました。市民の働きかけによって、多くの地方自治体は幼保施設を拡充してきました。

　したがって、今回の幼保無償化制度は、ジェンダー平等な社会をよりいっそう進めていくために大変重要なものです。しかし、だからこそ、そのような施策が、利用する施設の性質によって、子どもたちを分断することは、ジェンダー、フェミニズムの観点から許されることではありません。

　このようなことから私が仲間たちと運営をしている自主ゼミナールふぇみ・ゼミ（＊2）では、「すべての幼児教育・保育施設に無償化制度適用を求めるフェミニストの声明」（ふぇみ・ゼミ公式ホームページ）を提出しました。

　ジェンダー平等を目指す運動の主軸は、すべての人々がジェンダー規範に基づく性別役割分業から解放され、個人が個人として生きていくことです。それには、差別なく平等な社会インフラを当該政府が制度設計することについて、市民が要求し続けることです。もし、人権平等に反するような制度が制定されたときには、ただちに「声」をあげなくてはなりません。

　今回の幼保無償化の排除規程について、排除された当事者である朝鮮幼稚園をはじめとする外国人幼保施設に通わせる保護者・施設運営者らの運動は展開されています。「幼保無償化を求める京都朝鮮幼稚園保護者連絡会」（2019年9月結成）の鄭英姫代表は、「私たちも納税義務を果たしているし、何よりも尊厳や権利が問われている。多文化共生をうたう市や府に突破口を開いてほしい」とし、抗議活動について、京都新聞の取材に答えています（＊3）。

　しかし、この無償化排除問題に対して、市民の「声」がけっして多いとは言えません。特に、幼児教育、保育問題、ジェンダー・フェミニズム運動・研究を行っている人から「抗議活動」「疑問を呈する」動きが鈍いことに、差別の根深さを実感しています。ある一部の排除された人々、差別された人々が「声」を上げて是正するということではなく、社会全体で、声をあげて差別政策を是正していかなくてはならないと考えます。

【注】

（＊1）内閣府子ども・子育て本部 幼児教育・保育の無償化ホームページ https://www.youhomushouka.go.jp/（最終閲覧日2020年5月6日）

（＊2）https://femizemi.blogspot.com/（最終閲覧日2020年5月10日）

（＊3）2019年11月9日付京都新聞「幼保無償化『朝鮮学校も』」

【参考文献】

「別冊・月刊イオ　外国人学校幼稚園にも『幼保無償化』を！」編著：月刊イオ編集部／「幼保無償化を求める京都朝鮮幼稚園保護者連絡会」朝鮮新報社、2020年

プロフィール

梁聡子（やん・さとこ）

東京生まれの在日朝鮮人3世。大学非常勤講師、アジア女性資料センター理事、ふぇみ・ゼミ運営委員、在日本朝鮮人人権協会性差別撤廃部会委員。専門は社会学。植民地支配・被支配経験のフェミニズム、グローバルフェミニズムと社会運動に関心がある。論文に「今、『慰安婦』問題と関わることーできることを見つける旅」『戦争責任研究』(2017)など。

「保育園一揆」の担い手
——保育園ふやし隊@杉並の活動

お話をうかがった方

保育園ふやし隊@杉並　事務局メンバー
小林 彩香さん

■2013年2月、杉並区役所前で抗議の声をあげる

2016年2月、ブログに投稿された、「保育園落ちた、日本死ね！」という強烈なメッセージを覚えている人は少なくないでしょう。国会でも取り上げられ、これにより保育園待機児童問題が一気に全国的に注目されていった感があります。

しかし、2013年、すでに杉並区では「保育園一揆」が起きていました。担うは「保育園ふやし隊@杉並」（以下、ふやし隊）。同年2月18日、雪の降る19日と、杉並区役所前では、ふやし隊を中心に待機児童を持つ保護者たちの抗議の声が響き渡りました。保護者たちは子どもを抱っこしたりベビーカーを押しながら、「保育園増やせ～！」などの声をあげ、その姿はニュースでも流れ、待機児童問題の切実さに世間の注目が集まりました。その後、都内の他の地域でも同様な抗議活動、「保育園一揆」が広がっていきます。

現在、ふやし隊の事務局メンバーの小林彩香さんは、「先輩たちから聞いてきたことですが」と前置きし、当時を次のように語ります。

「始まりは、荻窪の旧若杉小学校の跡地に認可保育園を設立してほしいという署名活動です。その活動をきっかけに杉並の保育園問題のネットコミュニティに集う人たち数名が中心となり、2013年に『保育園ふやし隊』として産声を上げたのです。コミュニティでよく交わされていた悩み——認可保育園に入りたい、同じ願いを持っている者同士で集まる拠点が欲しい、という強い思いが発足につながりました」

ふやし隊は2日間の区役所前抗議行動に続き、22日には同年4月から入園できないという通知を受けた保護者による集団異議申し立てを行います。

■17年に4000人、その後1000人ずつの認可保育所増設を約束

「その後も2014年、15年と区役所前抗議活動は続きます。異議申し立ても今では審査請求と言いますが、これも13年から16年まで4年間行いました。どんどん声をあげていけば、自治体や国、政治をも動かす力になると実感していたからだと思います」と小林さん。これら一連の活動を受け、さらには2016年には国会で待機児童問題が取り上げられるなどの動きもあって、杉並区は「保育緊急事態宣言」を出します。2017年4月に4000人、2018年、19年で1000人ずつの認可保育所増設を予定するというものです。

また、ふやし隊は杉並区議会

議員選挙の際にも、各立候補者に対し認可保育所増設問題、待機児童問題などについてどう考えているのかアンケートを実施。アンケートに対する各候補者の意見を公表し、子育て世代の人たちに投票の際の参考にしてほしいと訴えました。

「このような情報発信は、ブログやツイッター、フェイスブックで行っています。もともとメーリングリストを拠点に活動していて、杉並区の保護者の人たちに自由に意見交換してもらう場を提供していましたから、メーリングリストの会員が同時にふやし隊のメンバーだと認識しています」

ただし、現在はメーリングリストサービスは閉じているそうです。

■当事者の声を反映する アンケートを実施し公表

ふやし隊に集まる当事者たちの声をよりリアルに掌握できるように、2016年からはアンケートも実施してきました。

「直近のアンケートは2019年4月入所（一次）申し込みをした保護者を対象にして行ったものになります。ツイッターやブログなどを通じて該当者はアンケートに答えてほしいと呼びかけ、19年では95名（児童数100名）の回答者数を得ることができました。アンケート結果にあるように、以前に比べると認可保育園も増えてきており、希望の園に入れる保護者も増加傾向にあると言えます（図1、図2）」。確かに、杉並区の場合、精力的に認可保育所等を増設していることがうかがえます。

「しかし」と続けて小林さんは、「杉並区には『3歳の壁』があります。3歳になると転園しなくてはならないケースが増えてきている。認可保育園の4月入所の一次選考では3歳児クラスの申込者数は2017年からほぼ横ばいなのに対し、入園可

図1　「認可保育所等申込の第一次選考の結果はどうでしたか」（回答数100）

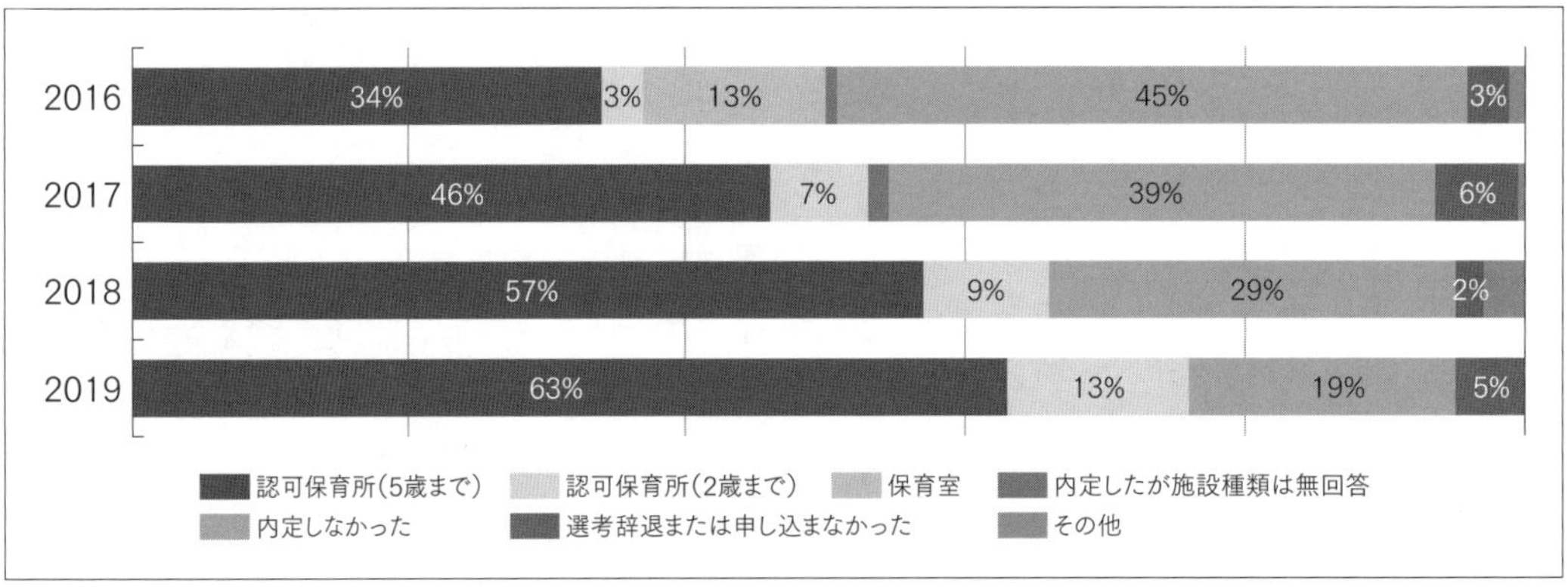

図2　「お住まいの地域の認可保育所等は足りていると思いますか」（回答数95）

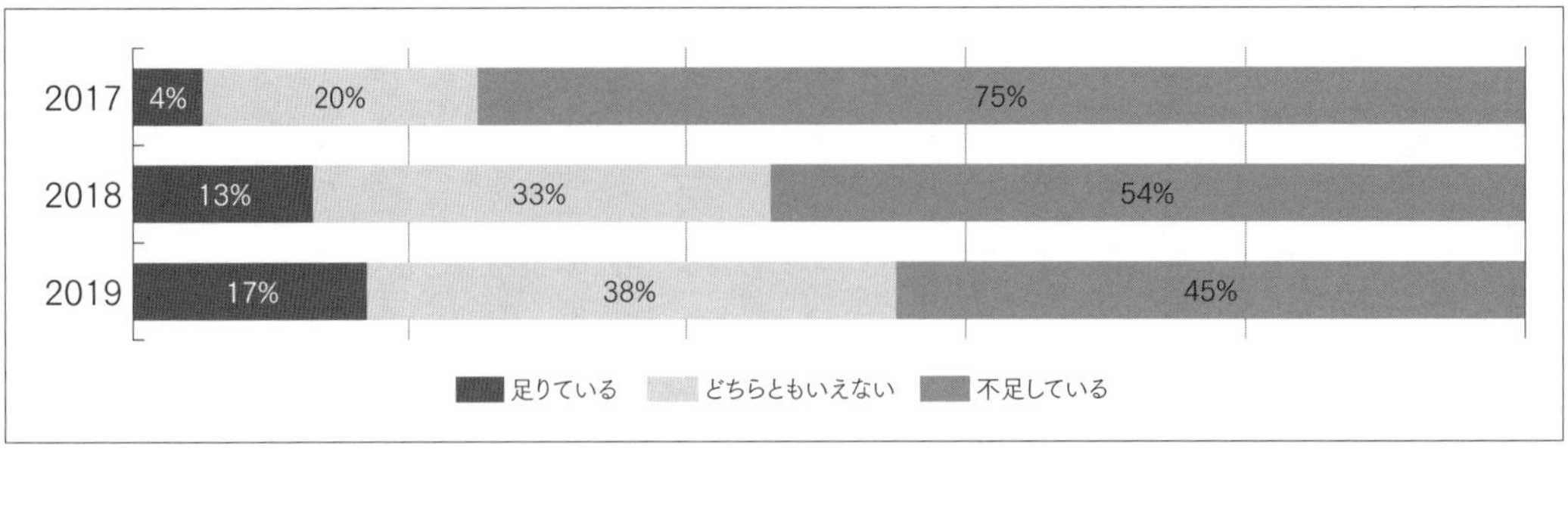

図3　杉並区認可保育所等の3歳児クラス申込者数と入園可能数
（4月入所一次申込時）

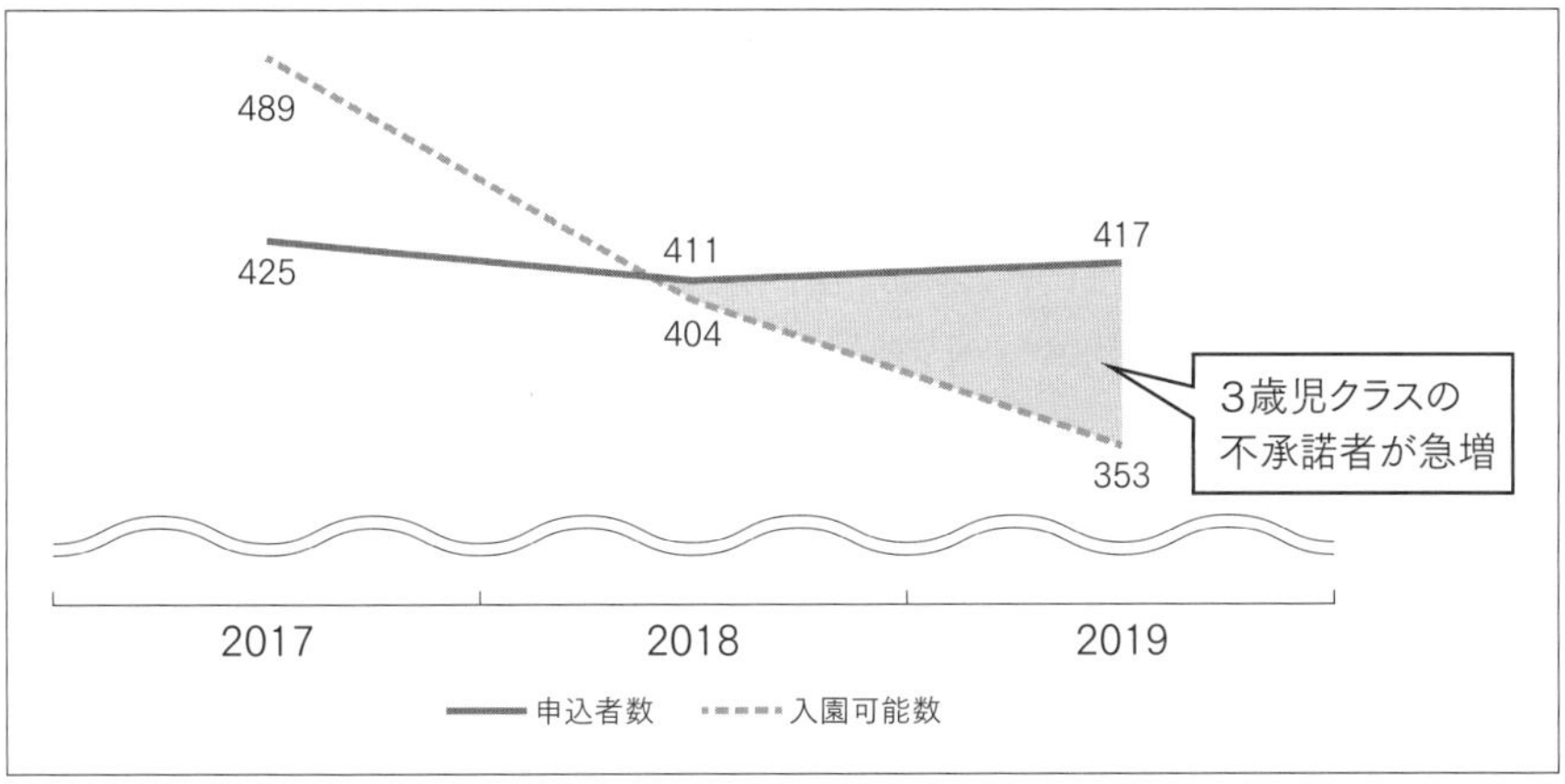

出典：杉並区『平成29年4月認可保育所等の利用申し込み状況』『平成30年4月認可保育所等の利用申し込み状況』『平成31年4月認可保育所等の利用申し込み状況』

能者数は17年と比べ約28%（136人）減少しています（図3）。20年はアンケートを取っていないのですが、さらにこの傾向は強まっているでしょう」と懸念を示します。では、なぜ3歳児クラスに入れないケースが増えているのでしょうか。

■立ちはだかる「3歳の壁」

「じつは、杉並区の認可保育所の2歳児クラスのうち、約15%が2歳児クラスまでの認可保育所なのです（「杉並区・平成31年4月認可保育園等の利用申し込み状況」から）。つまり、3歳で転園が必要という子どもが約15%もいることになる。加えて、2歳児クラスまでの認可外保育園（保育室、認証保育所等）に通っている子どもも転園が必要になります」。小林さんの言うとおり、杉並区では2歳児までの保育所に通っていても、3歳以降は他の保育所を求めて保活が再び必要という保護者が少なくないというのが現状です。

確かに、図4の「杉並区の保育施設の種類」にあるように、5歳までのクラスがあるのは認可保育所と認証保育所など一部の認可外、子供園に限られます。

「2020年では、19年よりも3歳児入園の倍率が上がっているようです。また、今年から3歳で転園する先の連携園というのを設定されたのですが、連携園に行けるのはもともと小規模認可保育所に入っている子どもだけなので、認可外保育所に通っている人にとっては、3歳の壁がますます高くなっているのではないかと思います」と小林さんは危惧します。それに拍車をかけるように、19年から、認可外保育所に通っていると申し込み選考で加点されるという「認可外加点」もなくなりました。「いろいろな働き方や事情があって認可外に通っている人にとっては、途中から認可に移るハードルがかなり高くなってしまったと感じます」

■新設園の増設ペースが落ちてきていることも一因

杉並区では、待機児童解消のため保育所の新設を進めてきましたが、このところ、増設のペースが落ちてきていることも「3歳の壁」の一因と問題視する小林さん。「なぜなら、新設園なら3歳児クラスは空いていますよね。でも、新設のペースが落ちるということは3歳児の受け入れ規模が狭まってくるということになります。しかも小規模保育所からの予約が優先されていくと、それ以外の認可外からはより入りづらくなります。しかも、入れるかどうかは、その子が3歳になったときの新設園の

図4　杉並区における保育施設の種類

施設区分／概要				クラス	開所時間	
保育施設	認可施設	**認可保育所** • 国の設置基準を満たした児童福祉施設	区　立	0歳～5歳	11時間	7時30分～18時30分
			公設民営 私　立			施設による
	地域型保育事業（区の設置基準）	**小規模保育事業所** • 認可保育所に比べ小規模な環境（定員6～19人）で保育を行う施設		0歳～2歳	11時間	施設による
		事業所内保育事業所（地域枠） • 区内の事業所が自社の従業員の保育枠とは別に、地域の保育枠を設け保育を行う施設			11時間	施設による
		家庭的保育事業所 • 家庭的な雰囲気のもとで、保育を実施する施設（定員5名まで）			施設による	施設による
		居宅訪問型保育事業 • 児童の自宅において1対1で保育を行う事業				
	認可以外の施設	**杉並区保育室** • 待機児童対策の一環として整備した区独自の施設	直　営	0歳～施設による	11時間	7時30分～18時30分
			委　託			
		杉並区定期利用保育事業 • 児童の一時預かりを1か月単位で継続的に行う事業	直　営	0歳～施設による	11時間	7時30分～18時30分
			委　託	1歳		
		家庭福祉員 **家庭福祉員グループ** • 自宅等を利用した家庭的な雰囲気の中で、一定の資格を有し、区長の認定を受けた保育経験者が保育を行う		0歳～2歳	8時間以上	8時30分～17時
		グループ保育室 • 杉並区から事業委託を受けた、保育士・教員などの資格を有する区民のグループが運営		0歳～2歳	11時間	7時30分～18時30分
		認証保育所 • 東京都が定める設置運営基準を満たし、東京都の認証を受けた保育施設	A型	産休明けから小学校就学前まで	13時間以上	施設による
			B型	産休明けから2歳まで	13時間以上	7時30分～20時30分
		その他認可外保育施設（ベビーホテル） • 民間事業者や個人が設置運営する保育施設で、東京都に届出している施設		0歳～施設による	施設による	
		その他認可外保育施設（企業主導型） • 企業が従業員のために設置するもので、他の企業との共同利用や地域に住む方の利用枠も設定できる。		0歳～施設による	施設による	
教育施設	幼保一体施設	**区立子供園** • 区立幼稚園を転換した、区独自の幼保一体化施設 • 短時間保育と長時間保育の児童を一緒に保育	短時間保育	3歳～5歳（一部4歳から）	5時間	9時～14時
			長時間保育		11時間	7時30分～18時30分

出典：杉並区『令和2年度 保育施設利用のご案内』

数により左右されるので、2歳児クラスまでの小規模に通っている保護者はその後の見通しが立たず、辞職を考えたり、通園可能な保育所のあるエリアへの引っ越しを検討するなど、ずっと不安や悩みを抱えることになるのです」。そこで、ふやし隊としては、3歳以降の受け皿となる新設園を増やしていくことや、少なくとも2歳児までの保育所に通う保護者に3歳児クラスのある園の整備状況などの情報公開、あるいは3歳児クラスからの認可保育園の整備などを求めています。

■2歳まで職場近くの認証に通い、3歳でやっと杉並の認可へ

小林さんも、3歳での転園で苦労しました。「子どもが1歳～2歳の2年間、認証保育所（東京都独自の認可外保育施設）に通っていたのですが、0歳や1歳、2歳の子はたくさんいても3歳以降の子はほとんどいない。希望すれば引き続き在園できたのですが、子どもが同年齢の子どもたちと過ごせる環境のほうがいいかなと思い転園を検討しました。働きながらの保活はやはり大変。月に2、3回は仕事を休んで、いろいろな園へ見学に行きました。新規園ができると聞いても、まだできていないので情報がない。そのため、系列の園を訪ねて電車に乗って1時間余りかけて見学に行ったこともありました」

そもそも、子どもが1歳のときに4月申し込みをしたものの入園できず、職場の近くの認証保育所に預けざるをえなかった小林さん。結局、2歳のときも入れず、2016年、17年の2年間落ちて、住まいの近くに新設園ができた18年4月、やっと認可保育所に入れたそうです。保活の大変さを実感した小林さんは2016年1月からふやし隊に参加します。

■保育所の量だけでなく質の改善を望む声も

今回のアンケートでは、「保育所の量だけでなく質の改善」を望む声も多く寄せられました。「保育の質が園によってバラツキがあるように感じました」「保育園自体は増えているけれど、それぞれの園の保育の質などをしっかり管理してほしい」「民営化をすすめないで。私立だと保育士さんの待遇が園によって異なり、保育の質が保たれないのではないかと懸念。むしろ私立を区立化してほしい」などの声です。小林さんも、「新規園では園庭がないところが多くなり、あってもとても狭い。やはり土地の確保がとても難しいんです。また、今は保育士不足ですから、新規園によっては経験年数が数年の園長とか、開園してもずっと保育士募集のチラシが貼ってあったりする。そういうのを目にすると、保護者も不安になりますよね」と言います。

ただし、「民営化については一概に反対とは言えません。アンケートにあがってきた声としてはもちろん伝えますが、人によって意見は異なると思います。公立1園ぶんの運営資金で民営化すれば4、5園増やすことができる、という面もありますからね」。まずは保育園を増やしてほしい、待機児童を解消して、というところから始めた、ふやし隊ならではの姿勢がうかがえます。

■育休加点追加と認可外加点の廃止の影響

2019年度から実施された、育休加点の追加と認可外保育所等利用加点の廃止はどのような影響を与えているのか、今回のアンケートではその点も調べました。回答者のうち一次選考で内定しなかった人に「今後の予定は？」と聞いたところ、2017年では0％だった育休延長が、18年では24％、19年も21％と、20％以上の人が育休を延長するつもりだと答えています。

「ところが、一方で0歳児クラスへの申込数はさほど減少していないのです」と、小林さんは疑問を呈します。確かに、杉並区の「認可保育園等の利用申し込み状況」によると、選考基準改定導入の18年はやや減っていますが、19年にはまた増えています（図5）。育休加点は、保護者に育児休業の取得をうなが

図5　杉並区認可保育所等の申込者数

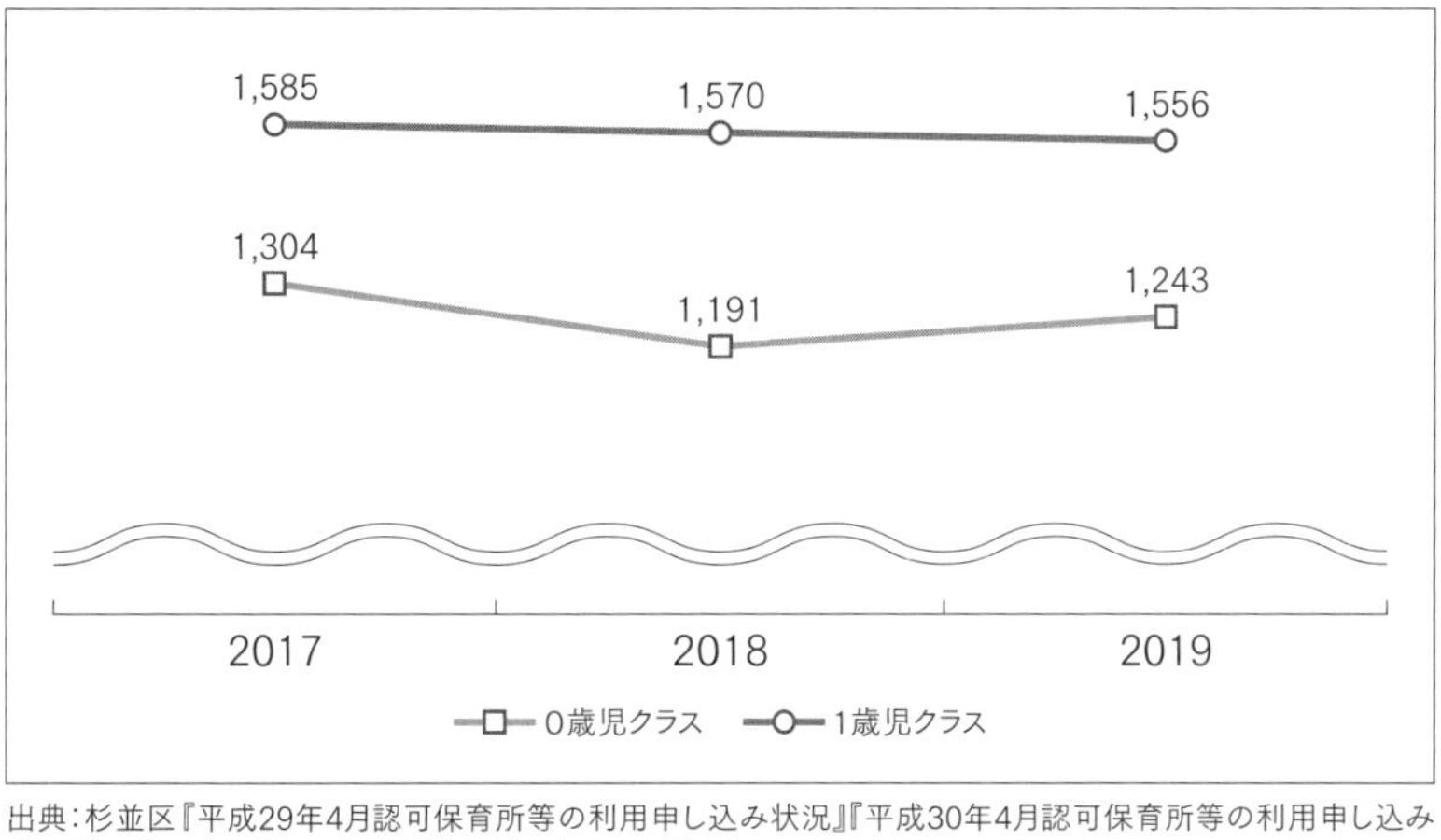

出典：杉並区『平成29年4月認可保育所等の利用申し込み状況』『平成30年4月認可保育所等の利用申し込み状況』『平成31年4月認可保育所等の利用申し込み状況』

図6　「育休をいつまで取得可能か」への回答

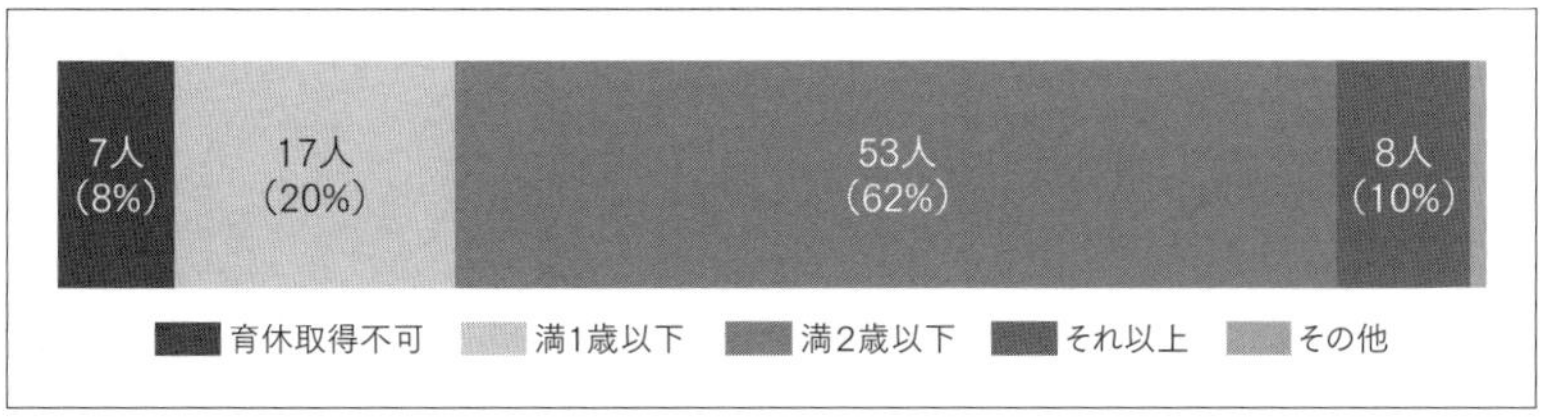

し、0歳児からの利用減少を図りたいという狙いがあるはずですが、杉並区では0歳児クラスの申し込み数はさほど減っていないというのが現状です。

「理由のひとつは、0歳児クラスのほうが1歳児クラスよりも入りやすいということがあります。アンケートでも、0歳児クラスの申し込みを検討した保護者のうち91％が実際に4月入所（一次）申し込みをしていて、そのうち半数が希望の時期に入園できれば育児延長したと答えています」と小林さんが言うように、0歳が有利、年度途中の入所は難しいといった、入所申し込み制度の都合が大きく影響しているようです。育休加点があっても、それぞれの実情に応じたタイミングまで育休を取れるようになるには、より実態に即した認可保育所への申し込み制度の改善が求められるでしょう。

■早期復職せざるをえない人からは選考加点の見直し要求も

反対に早期に復職せざるをえない人からは、認可外保育所等利用への加点の廃止について見直しを求める意見がみられました。アンケートで「育休をいつまで取得可能か」と聞いたところ、「育休取得不可」が8％、「満1歳以下まで」が20％を占めています（図6）。法律上では2年まで延長できることになっている育休ですが、アンケートでは3割弱の人が育休を長くとれば加点されるという恩恵に浴してはいないわけです。それどころか、0歳児クラスに入れなかった場合、認可外保育所等の利用が必要になりますが、認可外等の加点が廃止されたことにより、その後認可保育所への入所が難しくなってしまう可能性すらあります。

なかには、「育休を長く取った人を早期に仕事復帰する人より優先するのは、女性のキャリアアップを阻害し時代に逆行していると思う」という意見もありました。

「やはり、さまざまな働き方に応じて希望する時期に入園できるようになってほしいと思います」と小林さん。「課題は多々ありますが、ふやし隊としてはこれまで一定の成果を出せたのではないかと考えています。杉並区が認可保育園を増やしていきますよ、という方向に大きく舵をきった、そのきっかけにはなれただろう、と。区も5カ年計画で、今後3年以内に申し込んだ人は全員入れるようにするという方針を出しています」

ここらで、ふやし隊としては一区切り。とはいえ、皆の活動は止まらない。今後、小林さんにも計画していることがあるそうです。「申し込んだ人だけが保育園に入れるというのではなく、申し込みすらできない人たちがいます。たとえば外国籍の人たち。なかなか自分から保育園にアクセスできない人たちに対してもサポートしていきたいと考えています」。今年、新型コロナの影響で立ち上げは延びそうだが、「数年越しになっても、やるつもりです」と、小林さん。

「他のメンバーも、産後のお母さんをサポートするプロジェクトをつくったり、子どもが小学生の先輩の方ではPTAの会長になって学校の改革をしていこうという人もいて、これまで行政に働きかけてきた活動を生かして、各自いろいろな方向で頑張っています」

メンバー一人一人の中に、ふやし隊は確実に受け継がれているようです。

（取材・文／松田容子）

プロフィール

小林彩香（こばやし・さいか）
保育園年長クラスの一児の母で、一般企業勤務の会社員。2016年より「保育園ふやし隊@杉並」の事務局に参加し、活動を続けてきた。ふやし隊に参加してから、当事者が声をあげ行政に働きかけることの大切さに気づかされた。

BOOK GUIDE
ブックガイド

委託費に占める人件費率の「底」は10%台!

ルポ 保育格差

小林美希著／岩波新書
840円＋税

「保育園落ちた、日本死ね」ブログから４年。保育のニーズは相変わらず高い。新設保育園を急増させ、数字上は「待機児童削減」の成果を誇る自治体もあるが、問題は山積している。

問題の筆頭が保育士の処遇だ。長時間労働・低賃金のため離職率が高く、人手不足が常態化している。2000年代以降進められた規制緩和の流れにより、保育をビジネス化したことの「しわ寄せ」といえる。

本書で、著者は興味深い調査を行っている。東京都内の私立認可保育園の運営費における「人件費率」の実態調査だ。私立認可保育園の運営費は、保護者からの保育料と国・自治体からの委託費からなる。委託費の使途は人件費、事業費（給食費や保育材料費）、管理費（家賃など）の3つ。国は人件費を、「委託費の70～80%」とすることを想定しているが、これを守る法人は少ない。2015年子ども・子育て支援法により導入された「委託費の弾力運用」という制度の影響だ。これは「人件費率は運営法人まかせ」を許容するようなものである。

調査結果によれば――。運営が社会福祉法人の場合、人件費率は平均55.4%だが、株式会社は42.4%と10%以上も低い。驚愕するのは、株式会社の場合、ワースト10の園は17.3～25.5%であることだ。社会福祉法人の場合は財務諸表のホームページ上での公開義務があるが、株式会社にはそれもない。

著者は書く。「上場企業の場合、人件費は『売上原価』とされて、水道光熱費や業務委託費などと一緒になってしまう。投資家向けの決算説明会資料では、人件費が上がると『原価比率が悪化する』という位置づけとなり、場合によっては『人件費アップは利益を下げる悪いこと』と見られてしまう」

賃金が低い場合でも、理想を高くもって入職する若い保育士なら、ある程度までは、過酷な仕事も「子どものために」とがんばるかもしれない。これ自体「やりがいの搾取」だが、業務の過酷さに園長や先輩保育士からのパワハラが加わってしまうと、心身を病んでしまう。「このままでは、子どもを安全に預かることができず、事故を起こしてしまうかもしれない」との思いから離職してしまうケースが多いようだ。辞めるのは、自分が楽になりたいからではなく、子どもの安全を考えてのことである。もったいないことだ。

問題はまだある。「保護者の雇用も二極化している」ことだ。これはけやきの木保育園の平松知子園長（全国保育団体連絡会副会長）の言葉。「非正規」「長時間・低賃金労働」の大人たち（保育士や保護者）が余裕をもって子どもに向き合えるわけはなく、本書では虐待の事例も報告されている。「子育ても保育も、手間をかけずに経済合理性を追求できるものではない」という牧野カツコ名誉教授（お茶の水女子大学）の言葉は重い。まずは保育士や親を、労働の現場において「経済合理性」の歯車から解放することだ。それが「保育をとりもどす」ことにつながるだろう。

（木下友子）

■表紙／雨を見上げる

雨は雲から落ちてくるわけですが、雨粒が生まれる瞬間が見えないものかと目を凝らしたことがあります。子どもの頃の話ですね。せめてやさしい雨であってほしいと思う昨今です。　（巳年キリン）

先般、次の書籍をいただきました。記して、謝意にかえます。ありがとうございました。

●河野喜代美編著『それはあなたが望んだことですか　フェミニストカウンセリングの贈りもの』三一書房

性暴力やセクハラ、DV、離婚や子育て…。現代の女性が抱える問題を相談事例をもとに考察し、未来に向けた提言をする。周囲の期待に応えることを良しとしてきた女性たち。「それはあなたが本当に望んだことですか」との問いが胸に響く。

●白崎朝子著『Passion　ケアという「しごと」』現代書館

「本書には、私が出逢った『当事者』たちとのあたたかな記憶と同時に、『現場』の暴力が描かれている」（「はじめに」より）。支援が支配に変わった現場で、他者とともに生きるためのケアはいかにして可能か、を問う。

女も男も―自立・平等― No.135 2020年春・夏号

妊娠・出産、育児も仕事も

編集／労働教育センター編集部

編集協力
西嶋　保子（日本教職員組合女性部長）
大橋由紀子（日本教職員組合前女性部長）
杉村　和美（フリーエディター）

表紙イラスト
巳年キリン

デザイン／M2 Company

発行日／2020年6月15日
発行所／㈱労働教育センター
発行人／南　千佳子
〒101-0051
東京都千代田区神田神保町2-2-34 千代田三信ビル5F
電　話／03（3288）3322
振　替／00110-2-125488
定　価／本体1,771円＋税

本誌の年間購読予約をおすすめいたします。お近くの書店、または当社へ直接お申し込みください。年間購読の場合は3,542円＋税（送料込）です。